MW01680371

# Los Secretos de Rosalila

## The Secrets of Rosalila

# Los Secretos de Rosalila

## *The Secrets of Rosalila*

Ricardo Agurcia Fasquelle

930.1 Agurcia Fasquelle, Ricardo
A28 Los secretos de Rosalila - The Secrets of Rosalila / Ricardo Agurcia
C.A. Fasquelle. Editor: David Beyl. -- [Tegucigalpa]: [Editorial Transamérica], [2014]
154 p.: Fotos, il, mapas
Texto paralelo en español e inglés

Bibliografía al final de la obra

ISBN: 978-99926-722-5-9

1.- ARQUEOLOGÍA MAYA. 2.- HISTORIA DE HONDURAS.

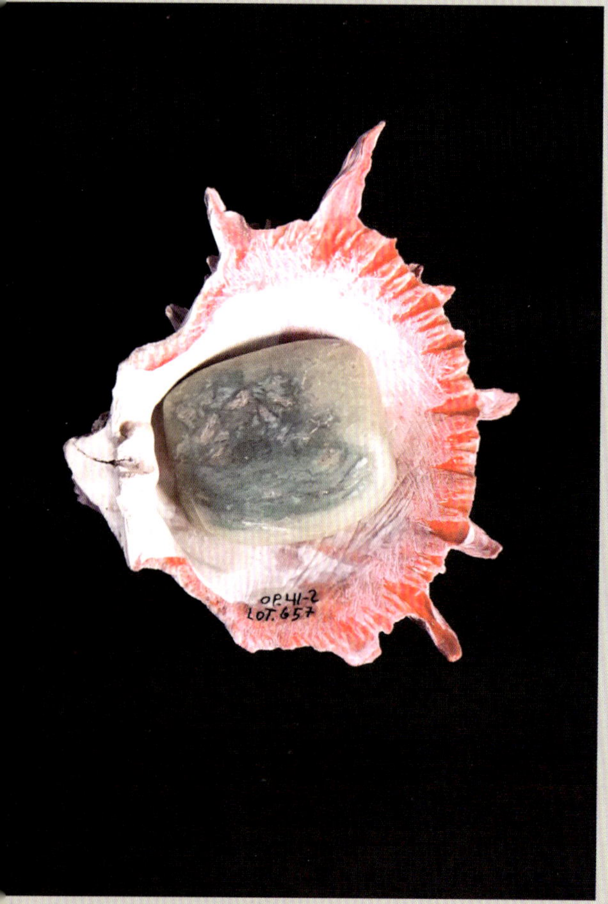


## CREDITS/CRÉDITOS

Author/autor: **Ricardo Agurcia Fasquelle**

Editor: **David Beyl**

Translation/traducción: **Vito Véliz**

Spanish language editor/editor en Español: **Amalia G. de Agurcia**

Proofreader/corrector: **José María Agurcia Agüero**

Design and layout/diseño y diagramación: **David Beyl**

Painting in acryllic/pintura en acrílico: **Edgar Zelaya** 66

Administration and marketing/Coordinación y mercadeo: **Julio Cantero**

Illustrations and maps/ilustraciones y mapas: **Azaria Canales** 12-13, 17, 41-42, 49, 65, 70, 72-73, 74, 99, 100, 127 **José Espinoza** 9, 67, 68, 98-99, 101 **Heather Hurst** 39,56-57. 60-61 **Barbara Fash** 54-55, 64-65 **Linda Schele** 35

Photography/fotografía: **David Beyl** (Project Photographer) 5, 6, 8, 11, 14-37, 38, 40, 42, 44, 45, 47, 48, 49, 50, 51, 53, 56, 59, 60, 61, 62, 63, 64, 67, 68, 69, 71, 78, 79, 98, 99, 100, 101, 104, 108, 109, 110, 111, 112, 113, 114, 116, 118, 119, 123, 124, 125, 126, 127, 128, 129, 130, 131, 132, 133, 134, 135, 136, 137, 138, 139, 140, 141, 145, 148, 149, 150, 151 **Kenneth Garrett** (Featured Photographer) 7, 10, 38, 77, 81, 84-90, 92-97, 102-103, 105-107 **Ricardo Agurcia Fasquelle** 15, 43, 57, 65, 67, 71, 90, 101, 104, 109, upper 141, 142-143 **Jorge Ramos** 54, 72, 73, 74-75, 76, 98, 100 **Lloyd Davidson** upper and lower left 144, 145, 146, 152 **Londin Velásquez** upper right 146, upper right and left 147 **Rick Frehsee** lower 110-111, lower 113 **Nereyda Alonso** lower 102 **Melvin E. Garza** lower 112 **Peter Hughes** 120 **Kristin Landau** lower 69 **Juan Carlos Pérez** lower 70 **Carin Steen** lower right 147 **Salvador Varela** main photo 146

Publicado por Editorial Transamérica, S.A. Honduras

ISBN: 978-99926-722-5-9

Copyright 2014: Asociación Copán.

Todos los derechos reservados. Prohibida la reproducción parcial o total de esta obra sin autorización previa del autor, fotógrafo y los editores.
All rights reserved. No part of this publication may be reproduced without prior written permission of the author, photographer and the publisher.

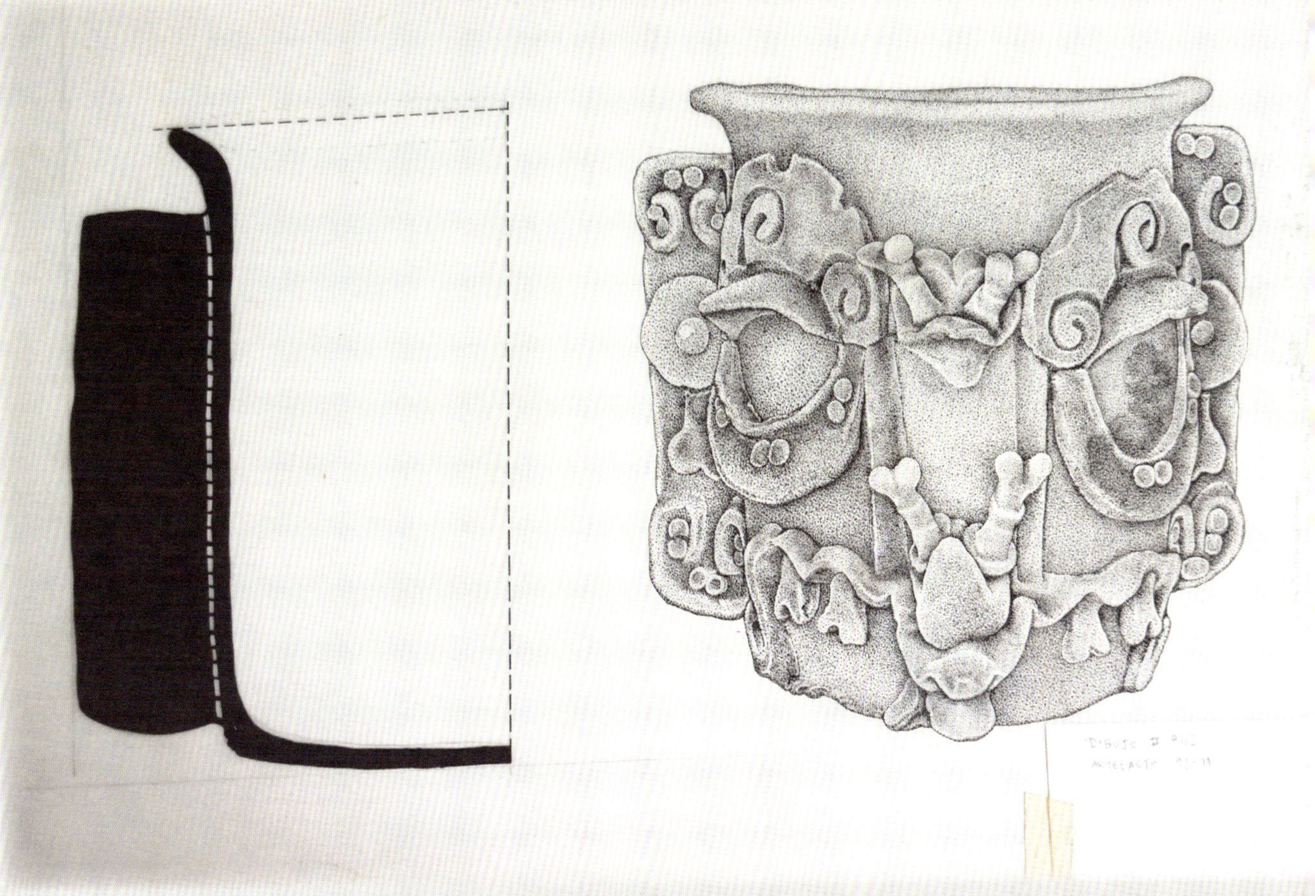

David Beyl

Editor, Project Photographer, Design & Layout

*A mi esposa, Amalia, quien ha sabido quererme mucho mejor*

*y por más tiempo de lo que me merezco.*

*To my wife, Amalia, who has loved me far better*

*and longer than I deserve.*

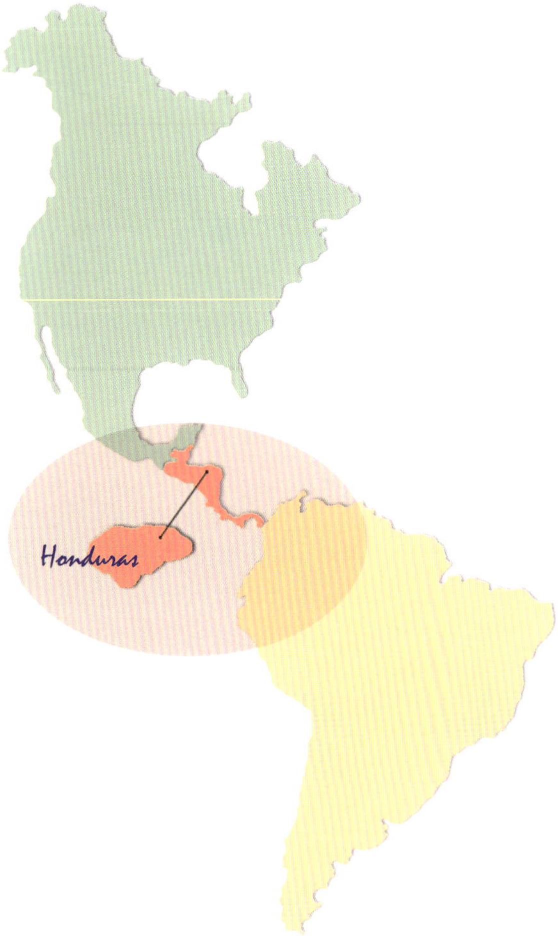


# Índice

# Contents

Trono-banca del Templo 22 **Bench-throne of Temple 22**

# El Parque Arqueológico de Copán
## COPÁN ARCHAEOLOGICAL PARK

Marcador del Juego de Pelota

**Ballcourt Marker**

Vista del Campo de Pelota y la Acrópolis desde la Gran Plaza. El parque recibe mas de 120,000 visitantes provenientes de todo el mundo.

**View of the Ballcourt and Acropolis from the Great Plaza. The park receives more than 120,000 visitors each year from all over the world.**

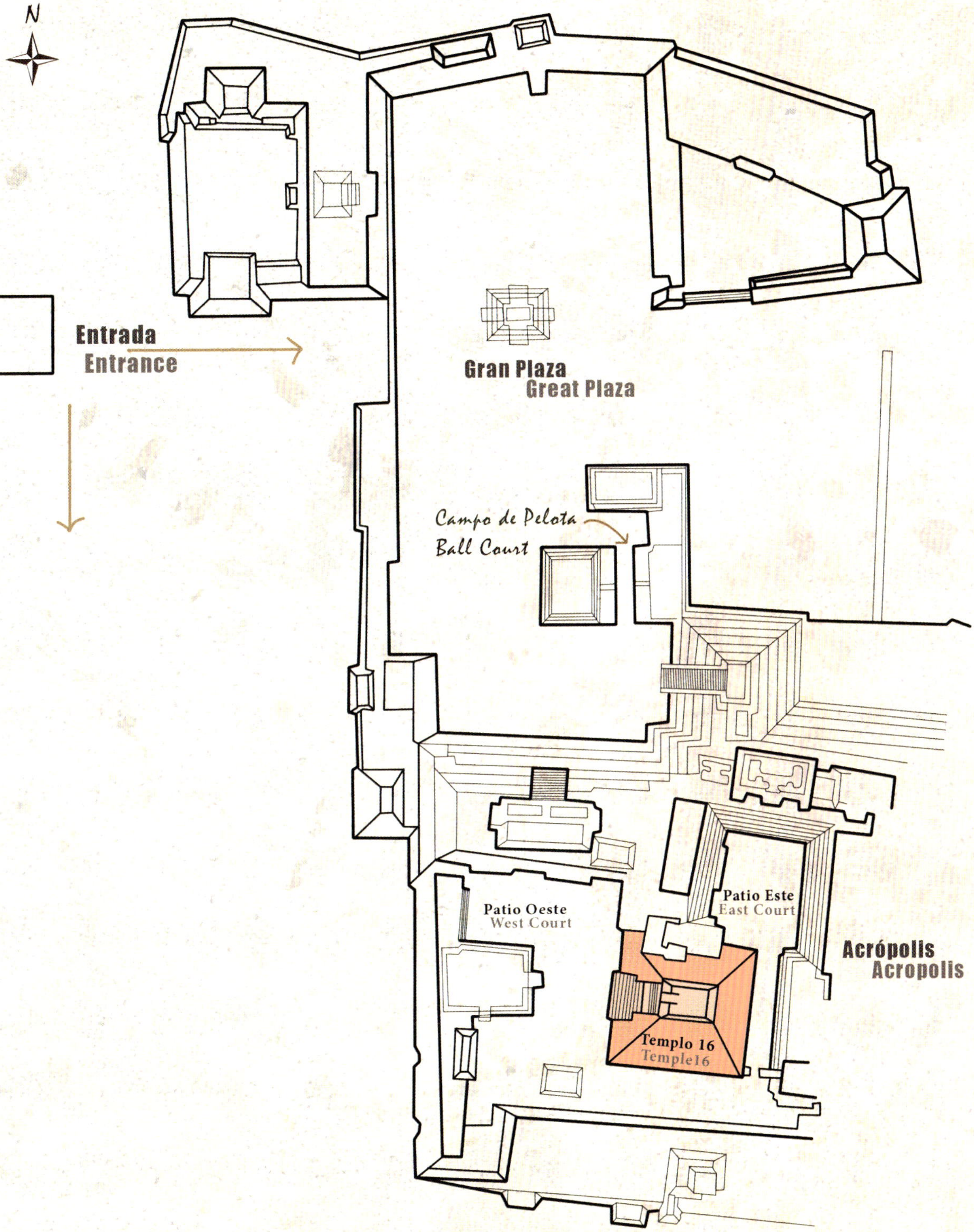


**Parque Arqueológico de Cópan**

COPAN ARCHAEOLOGICAL PARK

Estelas y Altares de la Gran Plaza **Stelae and Altars in the Great Plaza**

El Glifo-Emblema de Copán que identificaba a la ciudad y sus reyes

**The Copan Emblem-Glyph which identified the city and its rulers**

El Altar G-1 de la Gran Plaza **Altar G-1 in the Great Plaza**

Estela H de la Gran Plaza **Stela H in the Great Plaza**

Estela D con su Altar en la Gran Plaza **Stela D and its Altar in the Great Plaza**

Dorso de la Estela F en la Gran Plaza
**Back of Stela F in the Great Plaza**

Rostro del 13o Gobernante en la Estela B, Gran Plaza

**Stela B, in the Great Plaza, depicts the 13th ruler.**

Lado este del campo de pelota **East side of the Ballcourt**

El Templo 11 con la Estela N a sus pies **Temple 11 with Stela N at its base**

Los Dos Rostros del 15o Gobernante en la Estela N
**The Two Faces of the 15th Ruler on Stela N**

Rostro de un Pauahtún del Templo 11

**Visage of a Pauahtun from Temple 11**

P. 32-33. El Templo 11 en el Patio Occidental de la Acrópolis

**Temple 11 in the West Court of the Acropolis**

El Altar Q con el retrato de los 16 Gobernantes de Copán en sus costados, dispuestos en su orden de sucesión. El texto jeroglífico en su parte superior narra la fundación de Copán por K'inich Yax K'uk Mo'.

**Altar Q with the 16 rulers of Copan depicted on its sides in order of their succession. The hieroglyphic text on top narrates the founding of the city by K'inich Yax K'uk Mo'.**

El Templo 16 con la Estela P y el Altar Q a sus pies

**Temple 16 with Stela P and Altar Q at its base**

El Museo de Escultura de Copán
**Copan's Sculpture Museum**

SELECCION DE OBRAS ESCULTORICAS
SELECTION OF SCULPTURAL ART

# EL DESCUBRIMIENTO DE ROSALILA

Todo mundo quiere saber qué sentí cuando descubrí a Rosalila. ¡Para ser sincero, yo no sentí nada! Era el 23 de junio de 1989, el día del cumpleaños de mi mamá y solo habían pasado unos meses de haber comenzado mi primer "gran" proyecto arqueológico con Bill Fash. Yo había dirigido varios proyectos pequeños, pero este era enorme. Teníamos más de 100 trabajadores, grandes gastos y cuatro programas de excavación (u operaciones como las llamamos en la arqueología) de gran magnitud. Estos eran dirigidos por investigadores connotados de las instituciones más importantes de la investigación maya, todos al mismo tiempo. Bill había lanzado el proyecto en 1988, obteniendo lo que nos parecía a nosotros entonces una gran cantidad de dinero de la USAID, por medio del gobierno hondureño.

Mi propia operación (Número 41) tenía 21 trabajadores y 8 diferentes excavaciones en proceso. Nunca había excavado túneles antes y, para ser honesto, no me gustaba la idea de hacerlo. De hecho, yo me sentía incómodo en los túneles; soy bastante alto (1. 94 metros) y sufro de claustrofobia; estos pequeños, sucios y mal olientes hoyos, no me eran simpáticos.

Apenas unas semanas antes, Bill había descubierto una tumba grande en sus excavaciones detrás de la Escalinata Jeroglífica en el Templo 26. El trabajo allí estaba en lo mejor,

# THE DISCOVERY OF ROSALILA

Everybody wants to know what I felt when I discovered Rosalila. To be honest, I didn't feel much! It was June 23, 1989, my mother's birthday, and only a few months after I began my first "huge" archaeological project with Bill Fash. I had run several smaller projects before, but this one was enormous. We had over 100 workers, large payrolls to make, and four major excavation programs (operations) directed by leading scholars from the most important institutions of Maya research, going on at the same time. Bill had launched it in 1988, getting what seemed to us then a huge amount of money from USAID through the Honduran Government.

In my own operation (Number 41), I had 21 workmen and 8 different excavations under way. I had never excavated tunnels before and to be honest, was not having fun doing it. In fact, I was very uncomfortable in them; I am very tall (1.94 mts.) and suffer from claustrophobia; and these small, dirty, smelly and uncomfortable holes are not fun for me.

Just a few weeks earlier, Bill had discovered a major tomb in his excavations behind the Hieroglyphic Stairway on Temple 26.

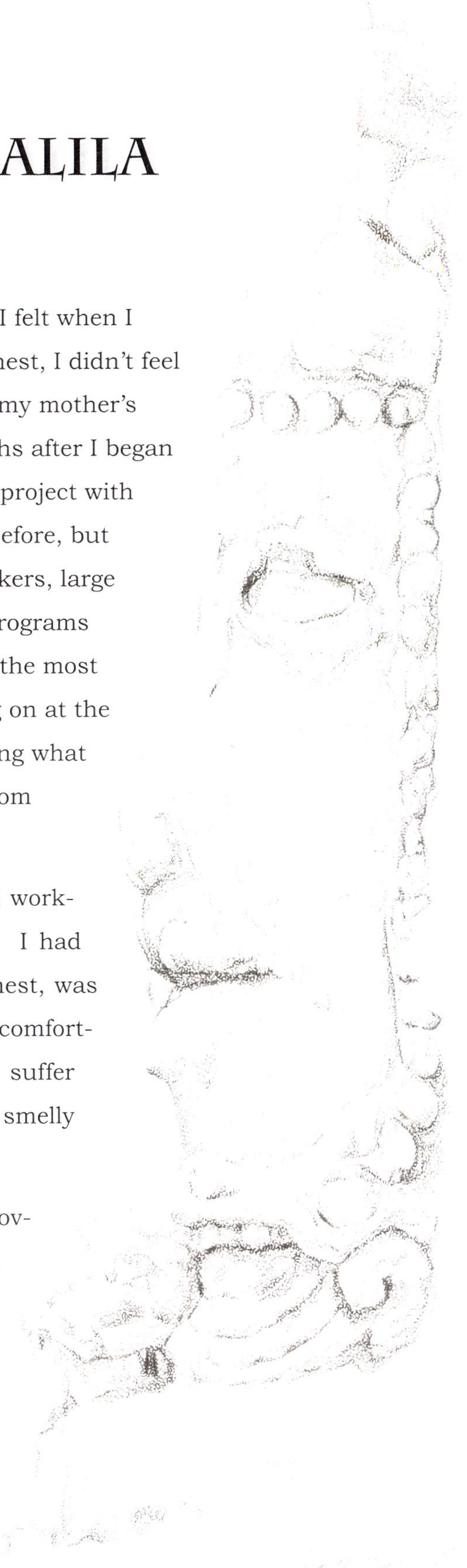

*Jorge Ramos, me informó que "algo interesante" había salido en el Túnel 11 y que yo debería ir a verlo.*

incluyendo la ayuda de algunos expertos en filmación de la *National Geographic Magazine*, quienes nos estaban ayudando con algunos equipos especializados de grabación. Al mismo tiempo, teníamos que lidiar con oficiales importantes del gobierno, así como con periodistas locales.

Durante la semana de mi descubrimiento, tuvimos también la visita de varios destacados investigadores de la civilización maya, quienes vinieron a Copán después de haber participado en las Reuniones de la Mesa Redonda de Palenque. Estaban incluidas figuras que son ahora legendarias en los estudios mayas como Floyd Lounsbury (Universidad de Yale), Linda Schele (Universidad de Texas), George Stuart (Revista de National Geographic) y David Stuart (hijo de George y en aquel entonces "niño-genio" del desciframiento de los jeroglíficos mayas). También nos visitaban dos investigadores quienes fueron instrumentales en mi formación como arqueólogo: Glenn Greene y Lorraine Heartfield. Estábamos muy ocupados.

Además, la estación lluviosa había comenzado y estaba causando serios problemas en nuestros túneles.

De alguna manera, en medio de tanta actividad, mi asistente, Jorge Ramos, me informó que "algo interesante" había salido en el Túnel 11 y que yo debería ir a verlo. En el primer día de su descubrimiento, Rosalila no

Un equipo de filmación de la National Geographic Television documentó la excavación de la tumba real descubierta por Bill Fash en el Templo 26.

**A film crew from National Geographic Television documented the excavation of the royal tomb, discovered by Bill Fash in Temple 26.**

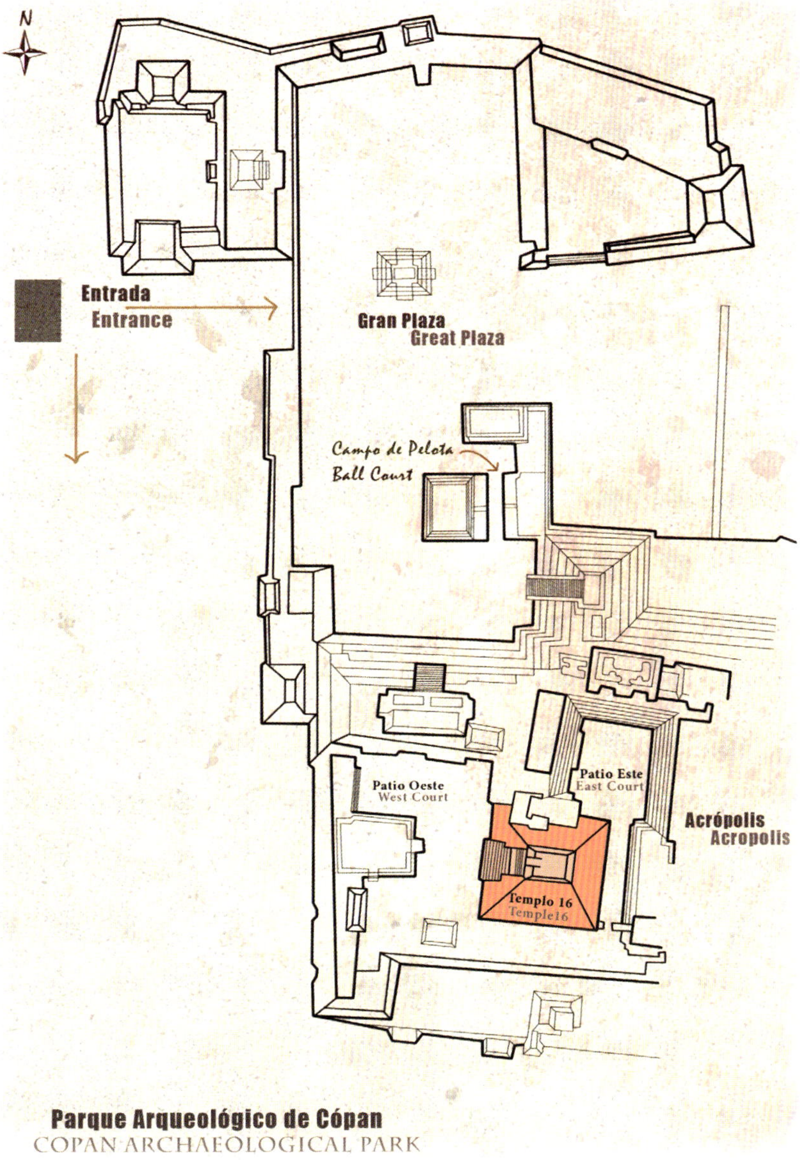


Work on it was at full tilt including help from some filming experts from *National Geographic Magazine* who were aiding us with specialized recording devices. At the same time, we had to deal with high-ranking government officials as well as local journalists.

On the week of my discovery, we also had the visit of several outstanding Maya researchers who had come to Copan after participating in the Palenque Round Table Meetings. These included figures that are now legendary in Maya studies such as Floyd Lounsbury (Yale University), Linda Schele (University of Texas), George Stuart (*National Geographic Magazine*) and David Stuart (son of George and then "boy-genius" of Maya hieroglyphic decipherment). Also visiting were two scholars that were instrumental in my training as an archaeologist: Glenn Greene and Lorraine Heartfield. Things were very busy.

era tan impresionante; era apenas los primeros indicios de una pared con estuco blanco, comenzando a salir al final de un túnel oscuro.

A medida que fuimos limpiando el muro, el siguiente lunes, mis notas comenzaron a demostrar algo de emoción sobre nuestro descubrimiento en el Túnel 11, cerca de oeste 6 de la cuadrícula de mis túneles :

> *el murito (RC-138)* [que veníamos siguiendo con este túnel] *pega contra un edificio increíble. Por el momento cubre todo lo expuesto en el túnel y está repellado lindísimo...adonde se han pelado unas capas de estuco, se ve una capa anterior con pintura roja...*

Pasarían muchos años antes de que me diera cuenta de las dimensiones totales de lo que había descubierto: el único edificio mayor sin destruir que haya sido enterrado por los antiguos mayas. Debo confesar que hasta este día, no he podido llegar a asimilar por completo el significado de todo esto.

*Jorge Ramos informed me that "something interesting" had popped up in Tunnel 11 and I should go see it.*

What's more, the rainy season had just begun, and it was wreaking havoc with our tunnels.

Somehow, in the middle of this flurry of activity, my assistant, Jorge Ramos, informed me that "something interesting" had popped up in Tunnel 11 and that I should go see it. On its first day of discovery, Rosalila was not yet all that impressive; it was just a white plastered wall beginning to peek out at the end of a dark tunnel.

As we cleared more of it out, on the following Monday, my notes (translated from the original in Spanish) began to show some kind of excitement regarding our discovery in Tunnel 11, close to west 6 in my tunnel grid:

> *the small wall (RC-138)* [that we had been following in this tunnel] *hits an incredible building. As of now it takes up all of the tunnel aperture and it is beautifully plastered... where some of the stucco has fallen off, we can see an earlier layer with red paint...*

It would be years before I would realize the full dimensions of what I had discovered, the only complete major building ever buried by the ancient Maya. I must confess that to this day, I have not come to grips with the full meaning of this.

Esta pared con estuco blanco en el Túnel 11 fue mi primera visión de Rosalila.

**This white plastered wall in Tunnel 11 was my first glimpse of Rosalila.**

# EL PRIMER SECRETO DE ROSALILA

Los guías locales en el Parque Arqueológico de Copán les dirán, en voz baja, que el nombre Rosalila viene de una novia mía. Aquellos que "saben más" aún les dirán que no fue una, sino dos: una llamada *Rosa* y otra llamada *Lila*, ambos nombres propios para una muchacha en Honduras. ¡Me gusta más la segunda explicación!

Desafortunadamente, como a menudo sucede, la verdadera explicación detrás de su nombre es mucho más prosaica. En los años 60s, el Proyecto Arqueológico Tikal, dirigido por arqueólogos del Museo de la Universidad de Pennsylvania, estableció un método informal para darles nombre a las "estructuras" (edificios con sus pirámides) que encontraban enterradas en la Acrópolis Norte de Tikal. Consistía en darles el nombre de pájaros a las "superestructuras" (edificios que consistían, en su mayor parte, en templos y palacios) y el de colores a "subestructuras" (pirámides sobre las cuales están las superestructuras). Cuando comenzó el Proyecto Arqueológico Copán en 1978, se acordó continuar con muchos de los métodos establecidos por el Proyecto Tikal y al comenzar nuestras excavaciones mayores en la Acrópolis de Copán, casi una década después, acordamos continuar con estas prácticas de nombrar así las estructuras.

Cuando descubrí a Rosalila, yo ya había asignado nombres a cierto número de estructuras, incluyendo a la pirámide sólida que finalmente la cubrió en el octavo siglo d.C., a la cual yo había apodado *Púrpura*. Al inicio de mis excavaciones de este nuevo descubrimiento, el cual a este punto estaba expuesto sólo

# ROSALILA'S FIRST SECRET

The local guides at the Copan Archaeological Park will tell you, in a whisper, that Rosalila's name comes from a girl friend of mine. Those that are more "in the know" will even tell you that it was not one girl friend, but two: One named *Rosa* and the other *Lila*, both proper names for a girl in Honduras. I like the second explanation better!

Unfortunately, as is so often the case, the real explanation behind her name is much more prosaic. In the 1960's, the Tikal Archaeological Project, directed by archaeologists from the University Museum of the University of Pennsylvania, established an informal method for naming the structures (buildings and their pyramids) they found buried in Tikal's North Acropolis. This consisted of giving the names of birds to superstructures (buildings consisting mostly of temples and palaces) and that of colors to substructures (pyramids upon which the superstructures rest). When the Copan Archaeological Project began in 1978, it was agreed to follow many of the methods established by the Tikal Project. When our major excavations of the Copan Acropolis started, nearly a decade later, we agreed to continue this practice of naming structures with these names.

By the time I discovered Rosalila, I had already assigned names to a number of structures,

*Los dos nombres que surgieron fueron "Lila" y "Rosa". ¡Por qué no ponerlos juntos en una sola palabra, "Rosalila"!*

Jorge Ramos dibujando el monstruo "witz" del segundo piso de Rosalila

**Jorge Ramos drawing the "witz" monster on the second floor of Rosalila**

marginalmente, yo pensaba que era otra pirámide. Esto parecía hacer sentido ya que los mayas, por lo general, destruían la superestructura sobre ellas, para construir nuevas. Yo pienso que hacían esto para dejar cimientos más estables bajo las construcciones siguientes. Ya tenían suficientes problemas de estabilidad debido al uso de tierra como núcleo de sus pirámides.

De tal manera que mientras mi asistente, Jorge Ramos, y yo pensábamos qué llamar al nuevo descubrimiento, pensamos en un nombre que estuviera en el rango de los "rojos" del espectro de los colores y así asociarlo con Púrpura. Los dos nombres que surgieron fueron *Lila* y *Rosa*. Cada uno de nosotros prefería uno distinto, de modo que yo propuse una salida salomónica: ¡por qué no ponerlos juntos en una sola palabra, *Rosalila*! El resultado era demasiado sexy para resistirlo.

Otra explicación favorecida por los guías, y en alguna manera relacionada a la asignación de nombres, es que lo nombramos con relación al color actual del edificio. No obstante, esto tampoco es válido, pues el color prevaleciente de Rosalila es un rojo más oscuro del que rosa o lila implicarían. El color es en realidad un rojo sangre.

Quizá todos deberíamos quedarnos con la primera explicación. ¡Es mucho más entretenida!

*The two names that came up were "Lila" [lilac] and "Rosa" [rose]... why not put them together in a single word, "Rosalila"!*

including the massive pyramid that finally covered it in the Eighth Century A. D., which I had nick-named *Purpura* [purple]. During the very early part of my excavations of this new discovery, which at this stage was only marginally exposed, I thought it was a pyramid. This made particular sense since the Maya regularly destroyed the superstructures on top of these as they built new ones. I believe they did this in order to leave more stable foundations underneath later constructions. They already had plenty of problems with stability anyway due to the earthen nature of the pyramid cores.

So, as my assistant, Jorge Ramos, and I pondered what to call the new discovery, we thought to look for a name that would be in the red range of the color spectrum, and thus associate it with Purpura. The two names that came up were *Lila* [lilac] and *Rosa* [rose]. Each one of us favored a different one, so I came up with a Salomonic solution: why not put them together in a single word, *Rosalila*! The result was too sexy to resist!

Another explanation favored by the guides, and somewhat related to the actual name-giving process, is that we named it after the actual color of the building. Nevertheless, this also doesn't work, since the prevailing color of Rosalila is a darker red than rosa or lila would imply. It is actually more of a blood colored red.

Maybe we should all just stick to the first explanation. It is so much more fun!

# EL SECRETO MÁS GRANDE DE ROSALILA

Rosalila está enterrada en lo profundo del Templo 16 (llamada Estructura 10L-16 en la jerga arqueológica) en la parte más alta y más central de la Acrópolis de Copán. Cuando yo comencé a trabajar en 1989, como parte del Proyecto Arqueológico de la Acrópolis de Copán de Bill Fash, había varias preguntas básicas que consideraba: ¿Quién construyó el Templo 16? ¿Cuándo lo construyó? ¿Para qué lo construyó?

Era un tiempo emocionante en la arqueología maya: nuevas teorías, métodos e investigaciones estaban trayendo una revolución a nuestro entendimiento sobre los mayas antiguos. ¡Nosotros éramos un grupo atrevido de arqueólogos jóvenes, muriéndonos por entrar en la riña y hacer contribuciones "monumentales" al campo de la arqueología!

El área de investigaciones que estaba haciendo más ruido era el del desciframiento de la escritura maya. Comenzando en los 60's y continuando en las siguientes décadas, se estaba abriendo una gran brecha en nuestro entendimiento de las inscripciones mayas y nos estaban llegando noticias sobre esto casi a diario. ¡Era vertiginoso! Ahora éramos capaces de comenzar a identificar los nombres de los grandes gobernantes de esta civilización y de comenzar a entender sus papeles en la historia.

Debido a la gran cantidad de inscripciones esculpidas en piedra y el legado extraordinario de investigación arqueológica de primer nivel que fechaba más de 100 años, Copán estaba en el centro de este proceso. De esta manera nosotros comenzamos a desenredar la dinastía real de esta poderosa ciudad ubicada en el margen sureste del mundo maya.

Los cuatro lados de Templo 16

**The four sides of Temple 16**

# ROSALILA'S BIGGEST SECRET

Rosalila is buried deep within Temple 16 (Structure 10L-16 in archaeological jargon) in the highest and most central part of the Copan Acropolis. When I started work here in 1989 as part of Bill Fash's Copan Acropolis Archaeological Project, there were several basic questions that I was pondering: Who built Temple 16? When did he build it? What was it for?

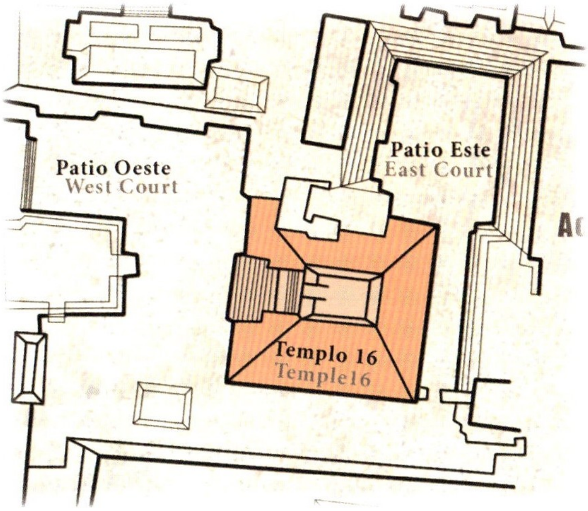


It was an exciting time in Maya archaeology: New theories, methods and research were bringing about a major revolution in our understanding of the ancient Maya. We were a brash batch of young archaeologists just dying to jump into the fray and make "monumental" contributions to the field!

Perhaps the area that was making the loudest noise was that of the decipherment of Maya writing. Beginning in the 60's and continuing into the following decades, major breakthroughs in our understanding of the Maya inscriptions were coming almost on a daily basis. It was dizzying! We were now able to start identifying the names of the great rulers of this civilization and beginning to understand their roles in history.

*Templo 16 ... había sido dedicado a la guerra, al sacrificio y a la veneración de un ancestro real en especial, K'inich Yax K'uk Mo', fundador de la dinastía de Copán.*

Bill y Bárbara Fash, con la asistencia indispensable de Rudy Larios, habían logrado comprobar que uniendo con cuidado los pedazos de la escultura mosaica que decoraba los exteriores de muchos de los edificios mayores de Copán, ellos podían contestar muchas de las preguntas que me intrigaban sobre el Templo 16.

Al mismo tiempo, la historiadora de arte Mary Miller, a quien después se le unió su colega Linda Schele, había propuesto que los mayas antiguos miraban la Acrópolis de Copán como un paisaje sagrado simbólico. Las pirámides grandes eran montañas simbólicas, el albergue de cuevas grandes donde se enterraban los ancestros, y las plazas eran valles o lagos, las puertas hacia el inframundo. Más específicamente, el Patio Occidental hacia el cual mira el Templo 16, estaba marcado por su escultura, como representando el inframundo acuoso del cosmos maya. Era un lugar para la veneración de los ancestros reales, quienes, al final de sus vidas, seguían al sol hacia el oeste, hacia el oscuro mundo acuático de los muertos.

De tal manera, combinando el arte con la arqueología, el significado de los antiguos edificios de la Acrópolis se estaba volviendo evidente y también las históricas figuras reales

*Temple 16 ... was dedicated to warfare, sacrifice, and the veneration of K'inich Yax K'uk Mo', the founder of the Copan Dynasty.*

Because of its huge amount of inscriptions carved in stone and wonderful legacy of first rate archaeological research going back over 100 years, Copan was at the center of this process. Thus we started unraveling the royal dynasty of this mighty city on the easternmost edge of the Maya world.

Bill and Barbara Fash, with the critical assistance of Rudy Larios, had figured out that by carefully piecing together the beautiful mosaic sculpture that decorated the exteriors of many of Copan's major buildings, they could answer many of the questions that bothered me about Temple 16.

At the same time, art historian Mary Miller, later joined by her colleague Linda Schele, had proposed that the ancient Maya viewed the Copan Acropolis as a symbolic sacred landscape. The large pyramids were symbolic mountains, home to sacred caves where the ancestors were laid to rest, and the courtyards were valleys or lakes, gateways to the underworld. More specifically, the West Court onto which Temple 16 faces was marked by its sculpture as representing the watery underworld of the Maya cosmos. It was a place for the veneration of the royal ancestors, who, at the end of their lives, followed the sun west into the dark, aquatic world of the dead.

Thus combining art with archaeology, the meaning of the ancient buildings of the Acropolis was becoming evident as well as the historic royal figures that were responsible for them. It was the central precinct of polit-

Las esculturas de la graderia principal del Templo 16 con su mensaje de guerra y sacrificio en honor a K'inich Yax K'uk Mo', quien está retratado en el nicho superior

**Sculptures from the principal stairway of Temple 16 with their message of warfare and sacrifice in honor of K'inich Yax K'uk Mo', who is portrayed in the upper niche**

*Templo 16 ... fue construido por Yax Pasaj Chan Yoaat, el decimoséptimo y último gobernante de Copán, en el año 775 d.C.*

quienes eran responsables por los mismos. Era el precinto central del poder político y religioso, el palacio del gobernante y de su corte.

A medida que progresaban nuestras excavaciones y descubríamos cientos de fragmentos de escultura que habían caído del Templo 16, se volvía más claro que había sido dedicado a la guerra, al sacrificio y a la veneración de un ancestro real en especial, K'inich Yax K'uk Mo', fundador de la dinastía de Copán. Una parte central, para nuestro entendimiento del caso, vino del Altar Q, ubicado al pie de la escalinata para el templo. Este fue construido por Yax Pasaj Chan Yoaat, el decimoséptimo y último gobernante de Copán, en el año 775 d.C. Logramos comprobar que había sido dedicado al mismo tiempo que el templo y de esta manera las primeras dos de mis preguntas habían sido contestadas. La siguiente pregunta estaba también en proceso de ser resuelta.

El trabajo de otros arqueólogos, especialmente el de los investigadores de la Universidad de Pennsylvania en Tikal, nos había demostrado que las acrópolis en las ciudades mayas eran el resultado de siglos de construcciones continuas. Construían conjuntos sagrados para después deshacerlos parcialmente y construir nuevos encima.

Aprovechando el gran corte, hecho por el Río Copán, al este de la Acrópolis, nuestro proyecto se embarcó en la enorme tarea de limpieza, registro y por fin consolidar este gigantesco monumento de tierra. Iniciamos también un ambicioso programa de túneles, desde este corte, con el objetivo de darle seguimiento a la evolución cultural de la Acrópolis de Copán. Bill le pidió a nuestro querido colega y amigo, Roberto

Fachada principal del Altar Q con la escena mítica que retrata al fundador, K'inich Yax K'uk Mo', entregando el "baston de mando" a Yax Pasaj Chan Yoaat

**Main side of Altar Q, portraying the mythical scene in which the founder, K'inich Yax K'uk Mo' hands the "staff of office" to Yax Pasaj Chan Yoaat**

*Temple 16 ... was built by Yax Pasaj Chan Yoaat, 16th and final ruler of Copan, in the year AD 775.*

ical and religious power, the headquarters of the ruler and his court.

As our excavations progressed and we uncovered hundreds of fragments of sculpture fallen from Temple 16, it became clear that it was dedicated to warfare, sacrifice, and the veneration of a special royal ancestor, K'inich Yax K'uk Mo', founder of the Copan Dynasty. A key piece to our understanding came from Altar Q, placed at the foot of the stairway for the temple. It was built by Yax Pasaj Chan Yoaat, 16th and final ruler of Copan, in the year AD 775. We managed to prove that it had been dedicated at the same time as the temple, and thus the first two of my questions were answered. The other one was also in the process of being solved.

The work of other archaeologists, especially that of the University of Pennsylvania at Tikal, had shown us that the acropolises at Maya cities were the result of centuries of continuous constructions. They would build sacred compounds only to partially demolish them and build new ones on top.

Taking advantage of the huge cut created by the Copan River on the east side

El autor en 1989 al iniciar las investigaciones del Templo 16

**The author in 1989 as work began on Temple 16**

Sharer de la Universidad de Pennsylvania, quien para entonces ya era una gran figura en el campo de los estudios mayas, dirigir este programa. Sin mucho entusiasmo, él aceptó por lo menos comenzarlo, mientras esperaba la aprobación de otro proyecto que él estaba gestionando en Guatemala. Para nuestro beneficio, Bob no sólo comenzó sino que concluyó este programa, tomándole más de 10 años concluirlo. El proyecto en Guatemala nunca se aprobó.

La excavación de túneles es una labor físicamente desafiadora, que avanza muy lentamente (de dos a tres pies por día) y lo circunda un ambiente oscuro, sucio, de mal olor, incómodo y extraño. Los habitantes de esta comunidad son arañas, murciélagos, ratones y serpientes. No obstante, los logros obtenidos con esta metodología en Copán fueron extraordinarios.

Adentrándose en puntos precisos de la estratigrafía del corte de la Acrópolis, como las intersecciones de los pisos de los patios y las paredes de los edificios, Bob comenzó a trazar plazas enteras, llegando hasta las primeras construcciones de la Acrópolis.

Para complementar el trabajo de Bob en el corte, y el trabajo de Bill debajo de la Escalinata Jeroglífica, yo comencé un igualmente ambicioso programa de túneles debajo del Templo 16. Comenzando en 1989, terminé dirigiendo este trabajo durante 19 temporadas de campo; la más reciente fue el 2012. Para esa fecha, yo ya había excavado noventa y nueve túneles mayores, extendiéndose muy of the Acropolis, our project took on the enormous task of cleaning, registering and later consolidating this massive earthwork. We also started an ambitious tunneling program from this cut in order to trace the historical evolution of the Copan Acropolis. Our dear colleague and friend, Robert Sharer of the University of Pennsylvania, by then already a major figure in Maya studies, was asked by Bill to direct this program. He grudgingly accepted to at least begin it while he waited for approval of another field project he had been planning in Guatemala. To our benefit, Bob not only started but finished this program, taking over 10 years to do so. The project in Guatemala never happened.

Tunnel digging is a physically challenging labor, which advances very slowly (two to three feet per day) and encompasses a dark, dirty, smelly, uncomfortable, and alien environment. The denizens of this community are spiders, bats, mice, and snakes. Nevertheless, the achievements obtained with this methodology at Copan were outstanding.

Going in at precise points in the stratigraphy of the Acropolis cut, such as the intersections of plaza floors and building walls, Bob started tracing out entire building compounds going back to the first constructions in the Acropolis.

To complement Bob's work on the cut, and that of Bill under the Hieroglyphic Stairway, I started an equally ambitious tunneling program under Temple 16. Beginning in 1989, I ended up directing this work for 19 field seasons, the most recent being in 2012. By then I had excavated ninety-nine major tunnels, extending deep into Temple 16 and connecting with those created by Bob.

As mentioned before, on my mother's birthdate, June 23rd, 1989, Tunnel 11 came upon a beautifully plastered wall. In this tunnel we had

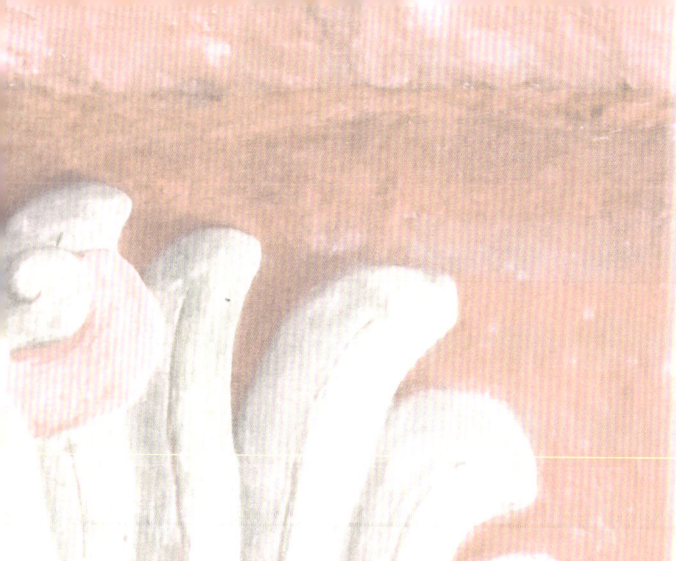

adentro en el Templo 16 y conectando con los que hizo Bob.

Tal como se mencionó anteriormente, el día del cumpleaños de mi mamá, el 23 de junio, de 1989, el Túnel 11 llegó a una pared hermosamente estucada. En este túnel habíamos estado siguiendo un parapeto al margen norte de una plataforma cubierta por un piso estucado, al que llamamos "Don Gustavo". Esta pared probó ser el primer rasgo descubierto de la Estructura Rosalila. Se volvió el punto céntrico de mis excavaciones durante los años venideros y cambió mi vida para siempre.

Tal como resultaron las cosas, Rosalila es la muestra mejor preservada de arte monumental y de arquitectura encontrada por los túneles en Copán. A diferencia de la mayoría de otros edificios enterrados en la Acrópolis de Copán, Rosalila no fue destruido; fue más bien enterrado con mucho cuidado y con mucha ceremonia. Sus fachadas ornamentadas fueron delicadamente cubiertas con una capa gruesa de estuco blanco, antes de ser sellado por un relleno de lodo rojizo y piedra de río.

Igual que todos los otros templos construidos en el eje central de la Acrópolis, la escalera central para Rosalila ve hacia el oeste, la dirección asociada con la entrada al inframundo, el mundo de los muertos y el lugar donde el sol termina su ciclo diario.

Este edificio del sexto siglo d.C., tiene tres pisos con una altura de 12.9 metros. Tal como la portada de un manuscrito iluminado, todas sus fachadas están elaboradamente decoradas con iconografía religiosa compleja. Los temas son cosmológicos y enfatizan al dios Sol, K'inich Ajáu—el patrón divino de los reyes mayas y el tocayo espiritual del fundador de la dinastía, K'inich Yax K'uk Mo'.

been following a low parapet on the northern edge of a platform covered by the plaster floor nicknamed "Don Gustavo". This wall proved to be the first feature discovered of the Rosalila Structure. It became the main focus of my excavations for years to come and changed my life forever.

As it turns out, Rosalila is the best-preserved example of monumental art and architecture found by the tunnels at Copan. Unlike most of the other buildings buried in the Copan Acropolis, Rosalila was not destroyed; instead, it was entombed with great care and ceremony. Its ornate façades were delicately covered with a thick layer of white plaster before being sealed by a fill of reddish mud and river cobbles.

Like all other temples constructed on the Acropolis' central axis, the main stairway for Rosalila faces west, the direction associated with the entrance to the underworld, the world of the dead, and the place where the sun ends its daily cycle.

This building from the 6th century AD has three floors with a height of 12.9 meters. Like the cover of an illuminated manuscript, all of its façades are elaborately decorated with complex religious iconography. The themes are cosmological and emphasize the Sun God, K'inich Ahau, divine patron for Maya kings and spiritual namesake of the founder of the dynasty, K'inich Yax K'uk Mo'.

In fact, working with my esteemed colleague, Karl Taube of the University of California at Riverside, we were able to decipher the Founder's name interwoven with the images of the Sun God on the artwork of the first level of the building. There are seven

El Dios del Sol, Kinich Ajau, cuidadosamente detallado en el costado sur de Rosalila

**The Sun God, K'inich Ahau, delicately portrayed on Rosalila's south side**

De hecho, trabajando con mi estimado colega, Karl Taube, de la Universidad de California en Riverside, pudimos descifrar el nombre del fundador, entretejido con las imágenes del dios Sol, en el trabajo artístico del primer nivel del edificio. Hay siete paneles con la misma imaginería en el edificio, pero el trabajo no fue fácil, pues el primer panel que excavé, en el lado oeste de Rosalila, no estaba en muy buen estado. No obstante, el ojo agudo de Karl y su conocimiento profundo del arte y la arqueología Maya, lo llevó a esta sugerencia. Afortunadamente, mientras progresaban mis excavaciones, pudimos excavar una muestra mucho mejor en el lado norte de Rosalila y se comprobó lo presumido.

El elemento principal estuvo en la interpretación del peinado en el rostro grande del dios Sol ("k'inich"), que es la pieza importante del panel. Parecía ser la representación de un ave; pero su pico estaba roto y sus características no eran fáciles de ver en el lado oeste. Después de excavar el lado norte, la información mejoró mucho. El pico todavía hacía falta, pero su color verde ("yax" en maya) se distinguía fácilmente, como también se distinguía una cresta de plumas, diagnóstico del quetzal ("k'uk"). Nuestra última pieza de evidencia conclusiva vino de los ojos del ave. Afortunadamente, mientras yo excavaba este panel, Bob Sharer estaba terminando de limpiar otro, muy por debajo de Rosalila, en la Estructura Margarita. Éste tenía representaciones muy claras y realísticas tanto del quetzal ("k'uk") como de la guacamaya ("mo"), pájaros que conforman los elementos prin-

panels with this same imagery on the building, but the task was not rendered easily, as the first panel I excavated, on Rosalila's west side, was not in very good shape. Nevertheless, Karl's ever-sharp eye and profound knowledge of Maya art and archaeology led him to this suggestion. Fortunately, as my excavations progressed, we were able to excavate a much better sample on Rosalila's north side and prove this to be the case.

The key element was in the interpretation of the headdress on the large face of the Sun God ("k'inich") that is the centerpiece of the panel. It seemed to be that of a bird; but its beak was broken off, and its traits were not easy to see on the west side. Upon excavating the north side, the information improved enormously. The beak was still missing, but its green color ("yax" in Maya) was easily discernable as well as a tuft of feathers that is diagnostic of the quetzal bird ("k'uk"). Our last piece of conclusive evidence came from the eyes of the bird. Fortunately, as I excavated this panel, Bob Sharer was finishing the cleaning of another one deep below Rosalila on the Margarita Structure. This one had very clear and realistic representations of both the quetzal ("k'uk") and macaw ("mo") birds that conform the main elements of the founder's name. Thus I was able to see that the "sleepy" eyes on the Rosalila bird were the same ones of the macaw on the Margarita panel. We now had a clear spelling of the Founder's name "K'inich-yax-k'uk-mo'" on Rosalila!

cipales del nombre del fundador. De esta manera pude ver que los ojos "adormecidos" en el pájaro de Rosalila eran los mismos del guacamayo en el panel de Margarita. Teníamos ahora un deletreo claro del nombre del fundador "K'inich-yax-k'uk-mo" en Rosalila.

No obstante, Bob todavía tenía por hacer más descubrimientos reveladores, diez metros debajo de Rosalila. Directamente alineada con su cuarto central, él encontró una tumba real (la tumba Hunal) la que, de acuerdo con toda la evidencia, es la tumba del fundador. Los restos óseos que él encontró demuestran que este individuo nació y se crió en el área Central del Petén, en Guatemala. Esto verifica la información escrita en el Altar Q y confirma las circunstancias complejas que acompañaron la fundación del reino de Copán en el año 427 d.C. Estos hechos enhebran los hilos históricos de las esquinas distantes de Mesoamérica, desde tiempos muy tempranos.

La decoración artística de todos los edificios en este eje central de la Acrópolis de Copán (una secuencia compuesta por las estructuras Yehnal, Margarita, Rosalila y el Templo 16) revela que el más reverenciado de todos los reyes, K'inich Yax K'uk Mo', era el centro de la veneración ancestral en esta antigua ciudad maya, y la majestuosa Rosalila, su mayor pieza de demostración. Éste era el secreto más grande de Rosalila.

Nevertheless, Bob had even more profound discoveries to be made, ten meters below Rosalila. Directly aligned with its central room, he found a royal tomb (the Hunal Tomb) that by all evidence is that of the Founder. The skeletal remains he found show that this individual was born and raised in the Central Peten area of Guatemala. This verifies the information written on Altar Q and confirms the complex set of circumstances that accompanied the foundation of the kingdom at Copan in 427 AD. These intertwine the historical threads of distant corners of Mesoamerica from very early times.

The artwork of all the buildings on this central axis of the Copan Acropolis (a sequence composed by the Yehnal, Margarita, Rosalila and Temple 16 Structures) reveals that the most revered of all the royals, K'inich Yax K'uk Mo', was the centerpiece of the ancestor worship veneration in this ancient Maya city, and the majestic Rosalila, its major showpiece. This was Rosalila's biggest secret.

Páginas 58-61. Panel del primer piso de Rosalila que deletrea el nombre de K'inich Yax K'uk Mo'

**Pp. 58-61. Panel on the first floor of Rosalila which spells out the name of K'inich Yax K'uk Mo'**

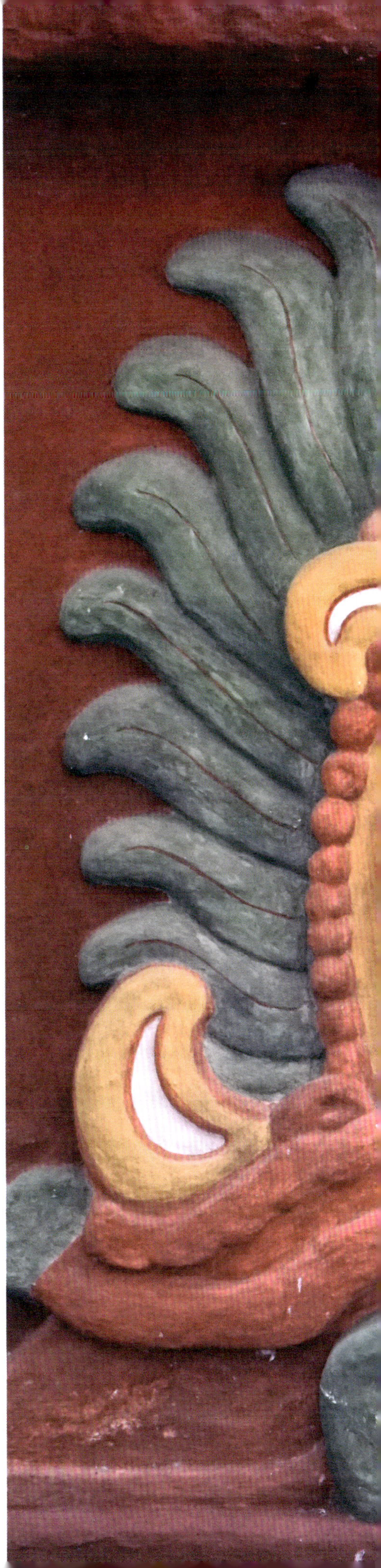

# LOS SECRETOS MÁS PEQUEÑOS DE ROSALILA

## ¿Un Templo Sagrado?

Tal como mencioné antes, Rosalila tiene tres pisos, llegando a un alto total de 12.9 metros. Prácticamente, el primer nivel (el que representa la mitad de todo lo alto) fue el único que realmente tuvo uso diario por los mayas de Copán. Tiene cuatro cuartos; cada uno es largo y angosto (en un promedio de 2.4 por 11.2 metros) y solamente cruzando por los tres primeros, en forma de espiral, puede uno llegar al cuarto central y más privado. Todos tienen cielos rasos altos (4.8 metros), abovedados con piedra y es dentro de estos cuartos que los mayas realizaron sus ceremonias religiosas.

El segundo y tercer piso de Rosalila sirvieron, en su mayoría, como andamios para soportar el elaborado programa de arte estucado que decoraba el edificio, muy similar a la lona para una pintura. Una máscara personificada del monstruo de montaña, llamada "witz" por los mayas, domina el segundo nivel. Esto lo marca como una montaña sagrada, mientras que la pieza central del tercer nivel es una calavera humeante que representa un quemador de incienso. De esta manera, el edificio está marcado también como una "casa de humo" o un "templo".

La evidencia arqueológica para el uso del edificio como una "casa de humo" o "templo" se encontró en mis excavaciones. Por ejemplo, yo noté que

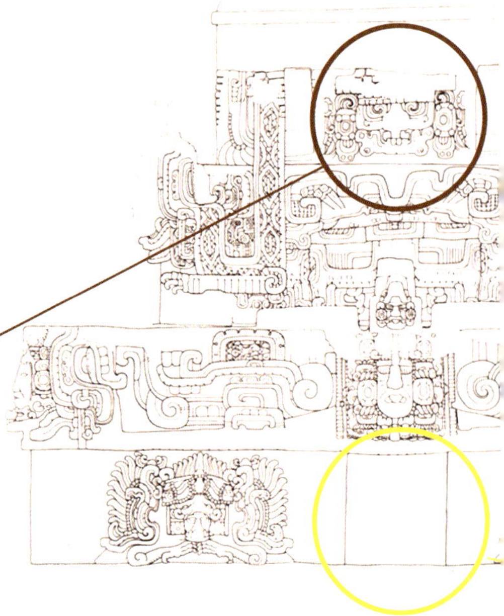

Incensario en forma de una calavera humeante que marca a Rosalila como una "casa de humo" o "templo"

**Incense burner in the shape of a smoking skull, which marks Rosalila as a "house of smoke" or "temple"**

# ROSALILA'S SMALLER SECRETS

## ... A Sacred Temple?

El interior de uno de los cuartos de Rosalila reconstruido en el Museo de Escultura de Copán

**View of the interior of one of Rosalila's rooms as reconstructed in Copan's Sculpture Museum**

As I have mentioned before, Rosalila has three floors reaching a total height of 12.9 meters. For all practical purposes, the lower one (which accounts for half of the total height) was the only one really used by the Maya on a daily basis. It has four rooms; each one is long and narrow (averaging 2.4 by 11.2 meters) and only by walking through the first three, in a spiral, can one reach the central and most private room. All of them have high (4.8 meters) vaulted stone ceilings, and it is within these that the Maya carried out their religious ceremonies.

The second and third floors of Rosalila mostly served as a scaffold to support the elaborate, stuccoed artwork program that decorated the building, not unlike the canvas for a painting. A personified mountain monster mask, called "witz" by the Maya, dominates the second level. This marks it as a sacred mountain, whereas the centerpiece of the third level is a smoking skull that

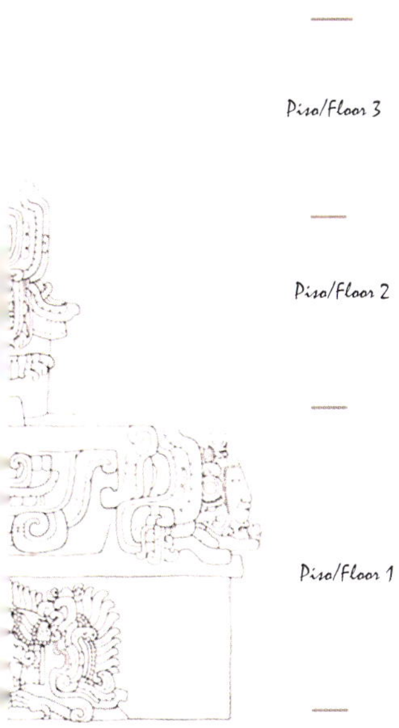


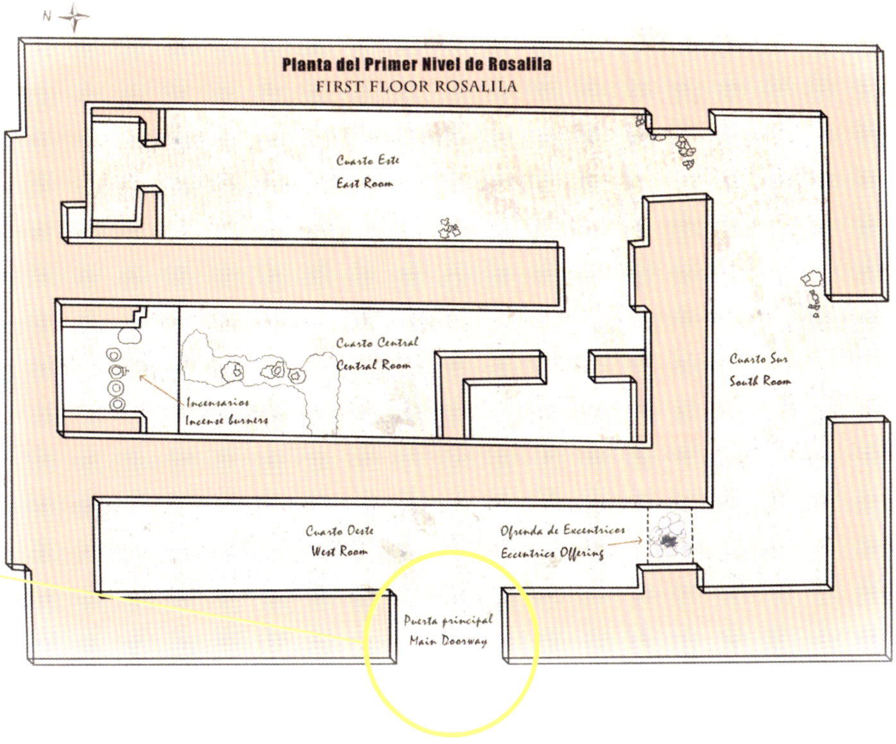

Waxaklajun Ub'ah K'awil (13o Gobernante) y un sacerdote auxiliar realizando una ceremonia en el cuarto central de Rosalila. Esta interpretación artística utiliza los objetos y datos recuperados por mis excavaciones en esta misma ubicación. (Pintura por Edgar Zelaya)

**Waxaklajun Ub'ah K'awil (13th Ruler) and an auxiliary priest carrying out a ceremony in Rosalila's central room. This artwork portrays the objects and data recovered by my excavations at this location. (Painting by Edgar Zelaya)**

represents an incense burner. In this fashion, the building is also marked as a "house of smoke" or a "temple".

The archaeological evidence for the use of the building as a "house of smoke" or "temple" was found in my excavations. For example, I noticed that the plaster on the floors, walls and vaults of Rosalila were covered in soot. This came from the burning of incense and torches, and is not unlike that found on the walls of many old churches in the Maya area today.

In 1999 I travelled to see this for myself in the highlands of Guatemala. I visited the church of Santo Tomas in Chichicastenango and respectfully observed the rituals. It was an eye-opener and was critical in helping develop my research strategy for further work in Rosalila as well as in the interpretation of my excavations up to that point.

The ritual process followed by the Maya of today at this old church is easy to recognize. At the foot of the stairs that lead up to the church entrance, there is always a fire burning. It is used to generate the red-hot coals placed in the incense burners that help the copal incense burn and generate its rich aroma. These are carried by the worshippers up the stairs and into the temple, where a procession follows through various stations until reaching the main altar. Candles, flower petals and firewater are also brought along and dispensed as offerings in these stations. There are plenty of prayers and invocations in the process. Not only

Incensarios del cuarto central de Rosalila

**Incense burners from Rosalila's central room**

**Art. 93-11**

Art. 93-10, descansando sobre la escultura de un jaguar

**Art. 93-10, resting on a stone jaguar pedestal**

el estuco en los pisos, paredes y bóvedas de Rosalila estaban cubiertos de hollín. Este hollín vino de quemar incienso y de las antorchas y es similar a lo que se encuentra en las paredes de muchas de las iglesias viejas en el área maya hoy día.

En 1999, yo viajé para ver esto personalmente en las tierras altas de Guatemala. Visité la iglesia de Santo Tomás en Chichicastenango y, con mucho respeto, observé los rituales. Fue una experiencia reveladora y esencial para desarrollar la estrategia de mis investigaciones en Rosalila de ahí en adelante, así como también en cuanto a la interpretación de mis excavaciones hasta ese momento.

El proceso ritual que siguen los mayas de hoy día en esta vieja iglesia es fácil de reconocer. Al pie de las graderías que llevan hacia la entrada de la iglesia, siempre hay un fuego. Este se utiliza para generar las brazas al rojo vivo que se ponen en los incensarios para quemar el copal y generar su rico aroma. Estos son llevados por los fieles hasta las gradas y luego al interior del templo, donde se inicia una procesión con varias estaciones, finalizando en el altar mayor. Candelas, pétalos de flores y bebidas alcohólicas se llevan y se distribuyen como ofrendas en estas estaciones. Hay muchas oraciones e invocaciones durante el proceso. No sólo las paredes y el techo están llenos de hollín, sino también el piso está lleno de los restos de las ofrendas.

Mis excavaciones en los cuartos del primer piso de Rosalila encontraron muchos de los objetos que reflejan prácticas similares. Éstas, por supuesto, son más de mil años más viejas de las que yo estaba observando en Chichicastenango. Entre los primeros estaban nueve quemadores de incienso de barro, algunos con carbón todavía adentro. Cuatro de ellos estaban en un banco-altar en la parte trasera del cuarto central, donde hubieran terminado las procesiones después de seguir una ruta espiral por los otros cuartos. Los otros fueron encontrados dispersos en los cuartos del primer piso, favoreciendo una localidad cerca de las puertas.

Dos de estas vasijas cilíndricas altas estaban sentadas sobre pedes-

El incensario Art. 92-1 descansando sobre la escultura de un jaguar. Este fue encontrado en el cuarto sur, al par de la puerta que da al exterior.

**Incense burner Art.92-1, resting on a stone jaguar pedestal. It was found in the south room next to the doorway that leads to the outside.**

Detalle de la escultura del jaguar sobre la cual descansaba el incensario Art. 92-1 **Detail of the stone jaguar pedestal on which rested Art. 92-1**

are the walls and roof full of soot, but also the floor is littered with the remnants of the offerings.

My excavations of the first floor rooms of Rosalila found many of the objects that reflect similar practices. These, of course, are more than one thousand years older than the ones I was observing in Chichicastenango. First among these were nine ceramic incense burners, some with charcoal still inside. Four of them were on an altar-bench in the back part of the central room, where the processions would have ended after following a spiraling route through the other rooms. The other ones were found dispersed in the rooms of the first floor, favoring a location close to the doorways.

Two of these tall cylindrical vessels sat on sculpted, stone jaguar pedestals. One was on the altar-bench of the central room while the other one was in the south room, next to its southern doorway.

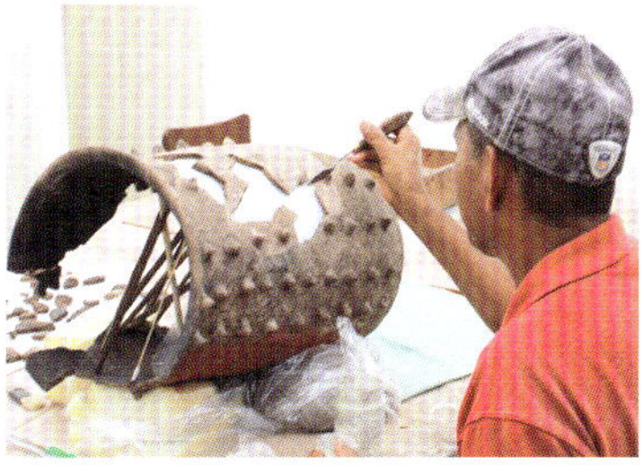

Rufino Membreño restaurando el Art. 92-1

**Rufino Membreño restoring Art. 92-1**

tales de piedra esculpidos en forma de jaguares. Uno estaba en el banco-altar del cuarto central, mientras que el otro estaba en el cuarto sureño, cerca de la puerta sur.

La evidencia de actividad ritual se encontró también en el techo, en las paredes y en los pisos de Rosalila, donde se encontraba, por todos lados, manchas de humo y de carbón. Estos cuartos estaban elegantemente decorados con bandas rojas de pinturas ornamentales en las paredes. Además, un delicado trabajo detectivesco por mi colega Cameron McNeil encontró evidencia de la utilización de flores blancas y de fragancia (del árbol Esquinsuche o *Bourreria huanita*) en estos recintos. ¡Interesantemente, Cameron ha descubierto que este árbol en peligro de extinción, cuya especie solamente cuenta con unas pocas muestras, puede encontrarse, por lo general, solamente alrededor de iglesias coloniales en el área maya!

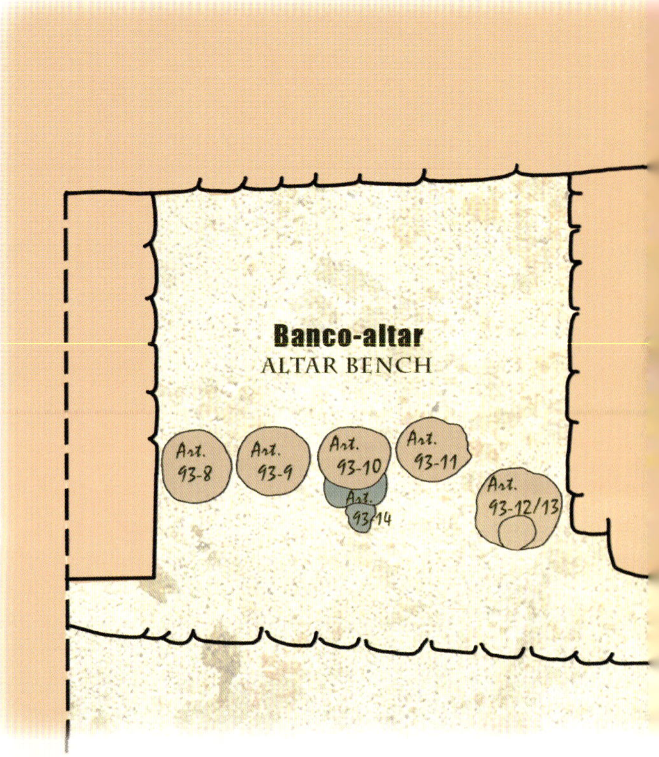

El banco-altar al fondo del cuarto central de Rosalila

**Altar-bench at the north end of Rosalila's central room**

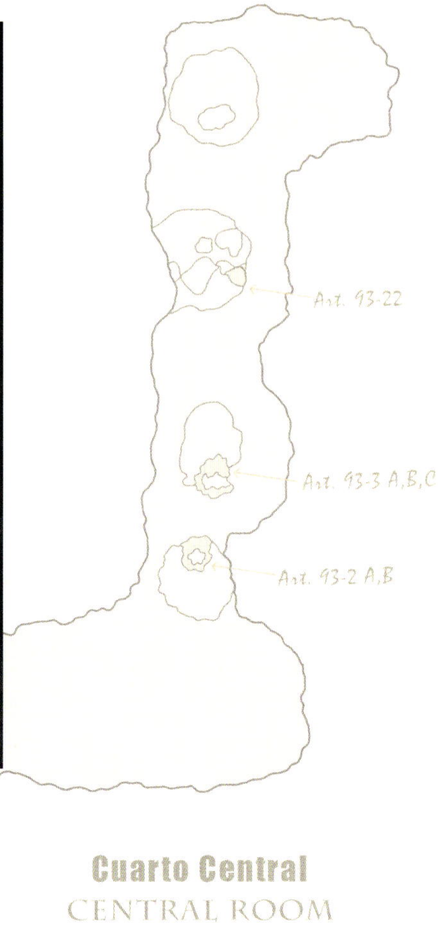

El banco-altar del cuarto central de Rosalila durante su excavación. Aquí empiezan a aparecer los incensarios en su ubicación original.

**Altar-bench in Rosalila's central room in the process of excavation. The incense burners are beginning to appear in their original locations.**

The evidence of ritual activity was also to be found on the roof, walls and floors of Rosalila where smoke and charcoal stains were to be found everywhere. These rooms were elegantly decorated with red painted ornamental bands on the walls. Furthermore, some delicate detective work by my colleague Cameron McNeil found evidence of the use of fragrant, white flowers (from the Esquinsuche tree or *Bourreria huanita*) in these quarters. Interestingly, Cameron has discovered that this endangered tree, whose species only has a few examples remaining, can be found mostly around old colonial churches in the Maya area!

El incensario, Art. 93-11, con su tapadera, Art.93-12/13, después de su restauración

**Incense burner, Art. 93-11, and its lid, Art. 93-12/13, after restoration**

# LOS SECRETOS MÁS PEQUEÑOS DE ROSALILA

... Encontrando los Excéntricos

Tan impresionante como el descubrimiento de los incensarios en el cuarto central, si no más impresionante, fue la excavación de un escondite de excéntricos de pedernal, localizado en el pasillo entre los cuartos del oeste y del sur. Estos representan una "ofrenda de cancelación", pues fueron puestos aquí con mucho cuidado en un pequeño nicho crudamente construido, mientras los mayas llenaban los cuartos de Rosalila con lodo y piedras para enterrarlo y prepararse así para la construcción del edificio Púrpura. Al mismo tiempo, los quemadores de incienso, quizá todavía echando humo, sufrían un fin peor, pues fueron deshechos, a medida que el relleno les cayó encima.

El descubrimiento de este escondite bien podría ser el momento más emocionante de mi carrera arqueológica. Fue un momento realmente "WOW". Después de haber descubierto la esquina suroeste de Rosalila en 1989, yo me concentré en tratar de establecer el tamaño del edificio, su edad y objetivo. Me enfoqué en su fachada oeste y muy pronto se encontró la puerta hacia el interior.

Con gran nerviosismo, entré a los sagrados recintos de Rosalila, sabiendo muy bien que era el primero en hacerlo, por más de mil años. El 28 de mayo de 1990, el Túnel 26-A,

La pared norte del nicho rústico (RC-2-162) atrás de la cual estaba la ofrenda de excéntricos.

# ROSALILA'S SMALLER SECRETS

## ... Finding the Eccentrics

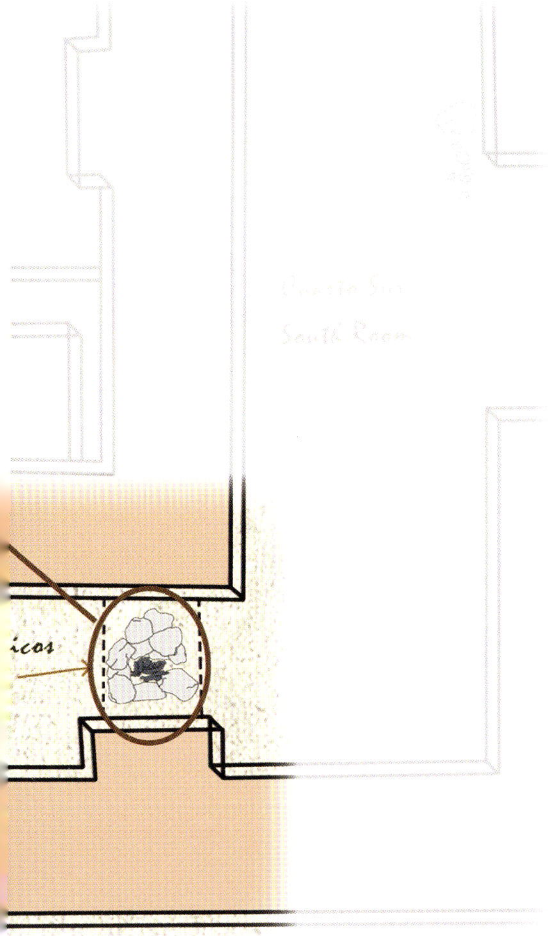

North wall of the crude niche (RC-2-162) behind which was the cache of eccentric flints.

Just as impressive as the discovery of the incense burners in the central room, if not more, was the excavation of a cache of eccentric flints that was placed in the doorway between the west and south rooms. These represent a "cancellation offering" as they were carefully placed here in a small, crudely built niche as the Maya filled in Rosalila's rooms with mud and stones in order to bury it and make ready the construction of the Purpura building. At the same time, the incense burners, probably still spewing out some smoke, suffered a worse fate, as they were smashed as the fill landed on them.

The discovery of this cache could well be the most exciting moment of my archaeological career. It was a real "WOW!" moment. After having discovered Rosalila's southwest corner in 1989, I set about trying to establish the building's size, age and purpose. I focused on its western facade and soon came to find the doorway into its interior.

With enormous trepidation, I entered Rosalila's sacred precincts, knowing well that I was the first one to do so in over one thousand years. On May 28, 1990, Tunnel 26-A, which ran south, tracing the interior of Rosalila's que corría hacia el sur, trazando el interior del cuarto oeste de Rosalila, llegó a una pared áspera (RC-2-162). Esta pared era el límite norte de un nicho grande y crudamente hecho, que sellaba el paso entre los cuartos oeste y sur de Rosalila. El limite sur de este nicho estaba marcado por otra pared rústica (RC-2-606) mientras que los lados este y oeste consistían en las paredes elegantes y estucadas del pasillo. El piso del nicho contaba con el mismo piso estucado de ambos cuartos, mientras que el techo originalmente tenia vigas de madera que formaban un dintel sobre el pasillo. El espacio definido por estos rasgos era aproximadamente de 1.05 (N/S) por 1.31 (E/O) metros de ancho y tenía un alto que puede estimarse en 2.25 metros.

Después de completar los registros requeridos de la pared RC-2-162 (notas, dibujos y fotografías) el 1° de junio, se comenzó con su remoción. No mucho después de haber comenzado con este proceso, yo tuve la primera vista del escondite de excéntricos al otro lado. Estaba puesto dentro de un nicho más pequeño y crudamente construido de piedra de río y descansando sobre el piso de estuco. Lo primero que a mis ojos llamó la atención fue la punta de un excéntrico (después clasificado como 90-12), extendiéndose sobre una de las rocas delineando el nicho. Hasta hoy, éste es el excéntrico más grande que jamás se haya encontrado, con

Detalles de la ofrenda de excéntricos según se iba revelando durante mis excavaciones.

**Details of the cache of eccentric flints as it appeared during excavation.**

west room, came upon a rough wall (RC-2-162). This wall proved to be the northern limit of a crudely built, large niche, which sealed off the passage between Rosalila's west and south rooms. The southern edge was marked by another rustic wall (RC-2-606), whereas the eastern and western sides consisted of the elegant, plastered walls of the passageway. The floor of the niche consisted of the same plaster floor that served both rooms, whereas the roof originally consisted of wooden beams that formed a lintel over the passageway. The space defined by these features was approximately 1.05 (N/S) by 1.31 (E/W) meters wide and had a height that can be estimated at 2.25 meters.

After completing the required registers of wall RC-2-162 (notes, drawings and photographs) on June 1st, its removal was begun. Not long after beginning this process, I caught my first peek of the cache of eccentrics on the other side. It was placed inside a smaller, crudely built niche outlined with river cobbles and resting on the plaster floor. What first caught my eye was the tip of one eccentric (later labeled as 90-12), barely extending past the top of one of the rocks outlining the niche. To this day, it is the largest eccentric ever found, with a height of 53 centimeters. Next I was amazed to see the bright blue and green paint of the cotton bags in which the cache had been wrapped. As I looked even closer, it became evident that there was more than just one eccentric; in effect, it looked like a hoard of them.

Eccentric flints are among the rarest of archaeological artifacts in the Maya area so the sight of them made me hold my breath. Furthermore, the

*Los excéntricos de pedernal son de los objetos arqueológicos más exóticos del área maya, de modo que simplemente verlos me hizo contener la respiración.*

una altura de 53 centímetros. Lo siguiente que me maravilló fue ver la pintura del reluciente azul y verde de las bolsas de algodón en el que los excéntricos habían sido envueltos. Mientras yo miraba más detenidamente, pude notar que había más de un excéntrico; de hecho, parecía que había un montón de ellos.

Los excéntricos de pedernal son de los objetos arqueológicos más exóticos del área maya, de modo que simplemente verlos me hizo contener la respiración. Además, la presencia de los textiles brillantes me dio una sorpresa todavía más grande. Si los excéntricos eran raros, encontrar los restos de tela fue todavía mucho más raro, pues en los trópicos húmedos del área maya, estos se desintegran en un par de décadas, ¡no digamos en cientos o miles de años!

El círculo rústico formado por la piedra de río del nicho tenía un diámetro de cerca de 40 centímetros y una profundidad de cerca de 35 centímetros. El relleno alrededor del nicho y en el resto del pasaje sellado, era similar

Detalle de la tela azul sobre el excéntrico Art. 90-10

**Detail of the blue cloth covering eccentric Art. 90-10**

*Eccentric flints are among the rarest of archaeological artifacts in the Maya area so the sight of them made me hold my breath.*

presence of the bright textile gave me an even greater jolt. If the eccentrics were rare, finding the remains of cloth was even more so because in the humid tropics of the Maya area these disintegrate within a couple of decades, let alone centuries or millennia!

The rough circle formed by the cobbles of the niche had a diameter of about 40 centimeters and a depth of about 35 cms. The fill around this niche and in the rest of the sealed passageway, was similar to that used to fill Rosalila's rooms. It consisted of dark reddish-brown clays, interspersed with river cobbles. The soils inside the larger niche were slightly darker than the ones outside and in a general sense, the fill was not as compact, making it easier to excavate.

The excavation of the niche was carried out over

Jorge Ramos y el autor admiran el excéntrico Art. 90-8 cuando recién era desenterrado.

**Jorge Ramos and the author admire eccentric Art. 90-8 when it first came out of the ground.**

al que se utilizó para llenar los cuartos de Rosalila. Consistía en barros oscuros rojizos-café, entremezclado con cantos de río. La tierra dentro del nicho más grande era más oscura que la que estaba fuera y, en un sentido muy general, el relleno no estaba tan compacto, haciendo la excavación más fácil.

La excavación del nicho se llevó a cabo durante los siguientes pocos días y fue filmada por un grupo de la National Geographic, dirigido por alguien quien se convirtió en mi querida amiga en los años siguientes, Chris Webber. Jorge Ramos y Bárbara Fash ejecutaron una buena parte de este trabajo tan delicado. Un gran esfuerzo se necesitó para remover los contenidos, mientras se trataba de mantener los textiles en su lugar, tanto como fuera posible. Medidas extremas también se tomaron para asegurar el sitio de excavación y controlar el acceso. El personal de excavación puso especial cuidado, cubriendo sus zapatos y vestimenta con bolsas plásticas y utilizando máscaras para reducir la contaminación del escondite.

En total, se sacaron tres grandes muestras de los textiles y de los materiales orgánicos. En su mayor parte, estos consistían de los textiles en los que los excéntricos fueron envueltos (tejidos verdes y azules de algodón y tela de corteza de árbol) así como muchos otros materiales encontrados en la base del nicho, sobre el piso estucado. Estos materiales incluían restos de animales, tales como tres conchas completas

Otros materiales provenientes de la ofrenda de los excéntricos: las pequeñas conchas de Spondylus, una espina de pez raya, y la pequeña cuenta de jade tallada en la forma de una flor.

**Other materials found in the eccentric cache: the complete, small Spondylus shells, a stingray spine and the small jade bead carved in the shape of a flower.**

the next few days and filmed by a National Geographic crew directed by someone who became my dear friend in the years to come, Chris Webber. Jorge Ramos and Barbara Fash executed a good part of this most delicate work. A huge effort was required to remove the contents while maintaining as much of the textile in place as possible. Extreme measures were also taken to secure the excavation site and control access. Excavation personnel took special care, covering their shoes and clothes with plastic bags and wearing masks to reduce the contamination of the cache.

In all, three major samples of the textiles and organic materials in the cache were retrieved. These consisted mostly of the fabrics in which the eccentrics were wrapped (green and blue textiles and barkcloth) as well as many other materials found at the base of the niche, over the plaster floor. They included faunal remains such as three complete spiny oyster shells (*Spondylus princeps*), at least three stingray spines, fish vertebrae (probably from a very young shark or stingray) and animal bones (terminal phalanxes from a large feline: jaguar or puma).

The precious stone objects that were in the cache consisted of three chert knives, nine "eccentric flints", and one small, carved jade bead. The conservation of these objects is truly exceptional; only two of the eccentrics (artifacts 90-07 and 90-09) have minute pieces missing. At the time of discovery, a fairly large cobblestone was lying on top of the cache. This made me fear for the worse; and in fact, upon removal of the stone, the eccentrics made a sound like that of a stack of dishes being moved. I was sure that they

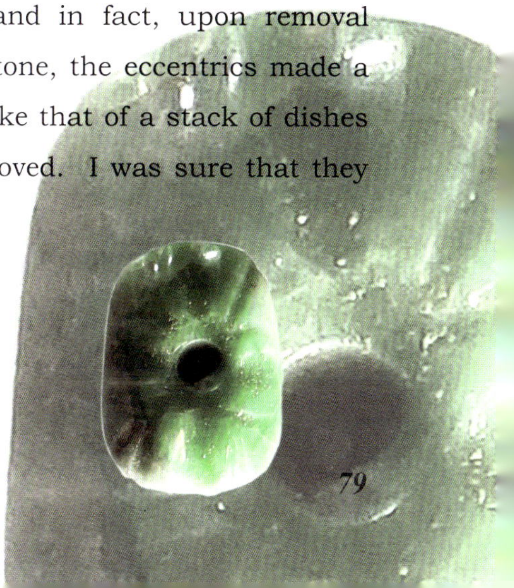

de ostra espinosa (*Spondylus princeps*), por lo menos tres espinas dorsales de raya, vértebras de peces (probablemente de un tiburón muy joven o manta raya) y huesos de animales (falanges terminales de un felino grande: jaguar o puma).

Los preciosos objetos de piedra que se encontraban en el escondite consistían en tres cuchillos de pedernal, nueve "excéntricos de pedernal" y una pequeña cuenta de jade finamente tallada. El estado de conservación de estos objetos es realmente excepcional; solamente dos de los excéntricos (artefactos 90-07 y 90-09) tienen pequeñitos pedazos que les hacen falta. En el momento del descubrimiento, una piedra de río estaba sobre los artefactos. Esto me hizo temer lo peor; y de hecho, al quitar la piedra, los excéntricos hicieron un ruido como un montón de platos que están siendo removidos. Yo estaba seguro que se estaban desintegrando, después de haber sido mantenidos en su lugar por la piedra de río. Afortunadamente éste no era el caso, pues parece que el envoltorio protector de los objetos fue suficiente para protegerlos durante muchos siglos, a pesar de haber tenido esa piedra pesada sobre ellos.

La mayoría de los excéntricos estaban parados en sus bases y amontonados contra el excéntrico grande, el que yo había visto primero contra la pared del nicho, en su orilla norte. Todos tenían el perfil de la cara humana principal viendo hacia el oeste.

Recientemente, he estado trabajando con dos sobresalientes investigadores, Payson Sheets de la Universidad de Colorado y Karl Taube de la Universidad de California en Riverside, para entender mejor el significado de los excéntricos mismos. Hemos discutido toda la información arqueológica de su localización

Excéntrico/Eccentric Art. 90-9

were disintegrating after being held in place by the cobblestone. Fortunately this was not the case, as it seems that the protective bundling of the objects was sufficient to protect them for many centuries in spite of having a heavy stone over them.

Most of the eccentrics were standing on their bases and stacked against the large one, which I had first seen resting against the niche wall on its northern edge. All of them had the profile of their main human face looking west.

Recently I have been working with two outstanding scholars, Payson Sheets from the University of Colorado and Karl Taube from the University of California at Riverside, to further understand the meaning of the eccentrics themselves. We have scrutinized all the archaeological information of their placement inside Rosalila, the infinite details of their production techniques, and their meaning as art symbols, and have come to the conclusion that they were symbolic weapons imbued with supernatural powers.

dentro de Rosalila, los detalles infinitos de las técnicas de producción y su significado como símbolos de arte y hemos llegado a la conclusión de que eran armas simbólicas, cargadas con poderes sobrenaturales. Ellos fueron colocados dentro de Rosalila para ayudar a guardar sus recintos sagrados de fuerzas malignas y para guardar a los ancestros reverenciados, quienes están enterrados en la Acrópolis de Copán.

Parece que Copán tiene más de estos excéntricos elaborados (a menudo llamados excéntricos "efigies") que en cualquier otro sitio en el área maya. Hasta el momento, se han encontrado 13 en el sitio: 9 en el escondite de Rosalila, 3 en el escondite de la Escalinata Jeroglífica y otro en la mampostería de este mismo edificio. Esto ha llevado a varios investigadores a la conclusión que era el lugar donde fueron producidos.

Payson Sheets, uno de los más famosos especialistas en el área maya sobre la producción de utensilios de piedra, tiene esto que decir sobre los que se han encontrado en Rosalila:

Los seis excéntricos que se le atribuyen a El Maestro (Artículos 90-5, -7, -8, -10, -11 y -12) están entre los mejores artefactos líticos magníficamente hechos en el área maya. Se colocan al mismo rango que los supremos logros en piedra del mundo. Y en términos del poder sobrenatural dentro de ellos están en la cima de las culturas mesoamericanas, del Hemisferio Occidental y del mundo. (Payson Sheets, comunicación personal, 2014).

Los tejidos que envolvían a los excéntricos probaron ser casi tan complejos como los mismos objetos de piedra. Varios expertos

They were placed inside Rosalila to help guard its sacred precincts from evil forces and to safeguard the revered ancestors who lie buried in Copan's Acropolis.

Copan seems to have more of these elaborate eccentrics (often called "effigy" eccentrics) than any other site in the Maya area. Until now, 13 have been found at the site: 9 in the Rosalila cache, 3 in the cache of the Hieroglyphic Stairway and another in the rubble of this same building. This has led various scholars to the conclusion that this was the place where they were produced.

Payson Sheets, one of the foremost specialists in the Maya area on the production of chipped stone tools has this to say about the ones in Rosalila:

The six eccentrics attributed to El Maestro (Arts 90-5, -7, -8, -10, -11, and -12) are among the most magnificently crafted lithic artifacts in the Maya area. They rank with the supreme achievements in chipped stone manufacture in the world. And in terms of embedded supernatural power they are at the top of the Mesoamerican, Western Hemisphere, and world cultures. (Payson Sheets, personal communication, 2014)

The fabrics that wrapped the eccentrics proved to be almost as complex as the stone objects themselves. Several experts looked at these textiles, but it was Margaret Ordoñez in 2012 that did the most comprehensive study. After looking at my best samples

Excéntrico/Eccentric Art. 90-10

Excéntrico/Eccentric Art. 90-11

Excéntrico/Eccentric Art. 90-12

Excéntrico/Eccentric Art. 90-5

Excéntrico/Eccentric Art. 90-8

Excéntrico/Eccentric Art. 90-7

vieron estos textiles, pero fue Margaret Ordóñez, en el 2012, quien realizó el estudio más completo. Después de haber visto mis mejores muestras en el campo y luego de haber visto micro-muestras en su laboratorio en la Universidad de Rhode Island, ella llegó a la conclusión de que incluían las siguientes cuatro clases de tejidos:

- Un textil de algodón de tejido común (hecho de hilos de z-hiladas) revestido con polvo verde y azul (malaquita y azurita)
- Un textil más burdo de algodón (también de hilos únicos de z-hiladas) con malaquita y azurita en sus hilos
- Un textil inusual hecho de hilos largos y blancos, de z-hiladas, cuyo centro era hueco
- Una tela de corteza de árbol de color café hecha de la materia interior fibrosa de plantas leñosas. (Margaret Ordóñez, comunicación personal, 2013)

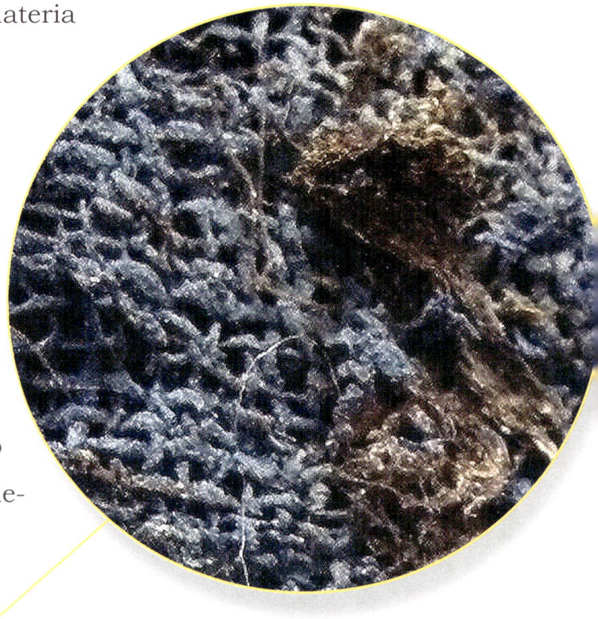

La distribución de estos tejidos entre los artefactos de pedernal en el escondite demostraba que fueron individualmente envueltos. El cuarto textil, la tela oscura de color café, generalmente se encontraba sobre las telas verde-azul. Nuestra investigación también descubrió que todos los artefactos de piedra tenían un pigmento rojo (probablemente cinabrio o sulfuro de mercurio) sobre sus superficies. Esto era probablemente sangre simbólica.

in the field and then at micro-samples in her lab at the University of Rhode Island, she came to the conclusion that they included the following four kinds of fabrics,

- A plain-weave cotton fabric (made of single z-spun yarns) coated with green and blue powder (malachite and azurite)
- A coarser plain-weave cotton fabric (also of single z-spun yarns) with malachite and azurite on its yarns
- An unusual plain-weave fabric made of large white single, z-spun yarns whose centers were hollow
- A brown-colored barkcloth made from the fibrous inner bark of woody plants (Margaret Ordoñez, personal communication, 2013)

The distribution of these fabrics on the chert artifacts in the cache showed that they were individually wrapped. The fourth fabric, the brown colored barkcloth, was generally found overlying the green-blue textiles. Our research also discovered that all of the stone artifacts had red pigment (probably cinnabar or mercuric sulfide) painted on their surfaces. This was probably symbolic blood.

Detalles de los tejidos sobre los excéntricos

**Details of the fabrics covering the eccentrics**

The variety of fabrics identified by Margaret also pointed to the elaborate wrapping process that created the bundled offering in Rosalila. As my dear friend, Dorie Reents-Budet, has written in a recent publication, it was very common in the Maya area to use cotton cloth "to wrap sacred implements and hallowed offerings" (2006:107). It was probably this process that allowed these precious objects to be preserved in such a wonderful condition for over

La variedad de tejidos identificados por Margaret también nos llevó a comprender el proceso elaborado de envoltura que creó la ofrenda en Rosalila. Tal como mi querida amiga, Dorie Reents-Budet, ha escrito en una publicación reciente, era muy común en el área maya utilizar tela de algodón "para envolver implementos sagrados y ofrendas consagradas" (2006: 107). ¡Fue probablemente este proceso el que permitió a estos objetos preciosos ser conservados en una condición tan maravillosa por más de mil años (en la tierra de los temblores) y con una gran piedra de río sobre ellos!

La disposición y el contenido de este escondite me dice además sobre su gran importancia ritual para los mayas antiguos. Así como en otras ofrendas en Copán, se suponía que representara un cosmograma sagrado. En tal caso, las conchas marinas encontradas en el fondo del nicho representan el inframundo acuoso. Los excéntricos, con sus envoltorios azul-verde eran sim-

Cuchillo de pedernal Art. 90-1 **Chert knife Art. 90-1**

Cuchillo de pedernal Art. 90-6 **Chert knife Art. 90-6**

one thousand years (in the land of the shaking earth) and with a large cobblestone sitting on top of them!

The layout and content of this cache further tells me of its great ritual importance for the ancient Maya. As in other offerings at Copan, it was meant to represent a sacred cosmogram. In this sense, the seashells found at the bottom of the niche represent the watery underworld. The eccentrics, with their blue-green wrappings were symbolic sacred ceiba trees, frequently represented in Maya art as "world trees", growing out of the earth, above the underworld. The stingray spines were primary utensils used by the kings to draw blood from different parts of their bodies to be offered to the ancestors and other principal deities. The jaguar claws remind us of the sacred role that

*... en ese momento me sentí lo más cercano que jamás haya estado, y jamás estaré, a los mayas antiguos.*

bólicos de los árboles sagrados de ceiba, frecuentemente representados en el arte maya como "árboles del mundo", creciendo de la tierra, sobre el inframundo. Las espinas de raya eran utensilios primarios utilizados por los reyes para sacarse sangre de diferentes partes de su cuerpo para su ofrecimiento a los ancestros y otras deidades principales. Las uñas de jaguares nos recuerdan el papel sagrado que este animal jugaba como compañero espiritual de los reyes mayas. Por último, pero no menos importante, es la cuenta de jade resplandeciente, tallada en forma de flor, nos recuerda la importancia de flores verdaderas en las prácticas rituales de los mayas, tanto en tiempos antiguos como en los actuales.

El descubrimiento y la excavación de esta ofrenda increíble dentro de los espacios consagrados de Rosalila, fue una de las experiencias más conmovedoras de mi carrera arqueológica. El efecto que produjo en mí se capturó en el especial de Televisión de la National Geographic, "Reinos Perdidos de los Mayas". Aquí puede presenciarse mi memorable "escena lagrimosa" por la cual he recibido grandes cantidades de fastidio de mis amigos y familiares. ¿Qué puedo decir? ¡Aún los laboriosos, los buscadores de peligro y de aventura, los valientes arqueólogos atormentados por túneles pueden ser conmovidos por el pasado!

Tal como lo digo en el video, la verdad es que en ese momento me sentí lo más cercano que jamás haya estado, y jamás estaré,

Excéntrico/Eccentric Art. 90-3

*... at that moment I felt the closest I have ever been, and ever will be, to the ancient Maya.*

Excéntrico/Eccentric Art. 90-4

this animal played as spiritual companion of the Maya kings. Last but not least, the shiny jade bead, carved in the shape of a flower, reminds us of the importance of real flowers in the ritual practices of the Maya, both ancient and contemporary.

The discovery and excavation of this incredible offering inside Rosalila's hallowed spaces, was one of the most moving experiences of my entire archaeological career. Its effect on me was captured in the National Geographic Television special, "Lost Kingdoms of the Maya". Here you can witness my memorable "tearful scene" for which I have received enormous amounts of grief from my friends and relatives. What can I say? Even hard working, danger driven, adventure seeking, tunnel tortured archaeologists can be touched by the past?

As I say in the video, the truth is that at that moment I felt the closest I have ever been, and ever will be, to the ancient Maya. You can picture it as a play with two acts. In the first one, a powerful Maya king, probably Waxaklahun Ub'ah K'awil (18 Rabbit) himself, kneels in this corner of Rosalila's west room and places this magnificent offering on the floor inside a crudely made niche. Immediately afterwards, a large crew of ancient Maya workmen starts filling the room with mud and stones and burying the building forever. In the next act, some one thousand two hundred and eighty years later, an insolent a los mayas antiguos. Puedes imaginártelo como una obra de teatro en dos actos. En el primer acto, un poderoso rey maya, probablemente el mismo Waxaklajún Ub'ah K'awil (18 Conejo), se hinca en esta esquina del cuarto oeste de Rosalila y pone esta magnificente ofrenda en el piso dentro de un nicho rústico. Inmediatamente después, una cuadrilla grande de trabajadores mayas comienza a llenar el cuarto con lodo y piedras y a enterrar el edificio para siempre. En el siguiente acto, unos mil dos cientos ochenta años después, un insolente joven arqueólogo, con un grupo de trabajadores mayas contemporáneos, re-abre el nicho sagrado y atestigua las maravillas que se encuentran allí. En la mente del arqueólogo, ha pasado solamente un instante y casi puede ver la mano arrugada, de un rojo oscuro que puso la ofrenda con mucho cuidado en su sagrado lugar de reposo. De no ser por el cerrar y abrir del telón, sus manos casi se tocan.

A propósito de la escena de lamento capturada en video, yo no pensé que las cámaras estuvieran todavía grabando. La cuadrilla estaba empacando todo el equipo, incluyendo la mayoría de las luces; y solamente éramos mi amiga Chris Webber y yo, sentados en un túnel oscuro, hablando acerca de lo que se sentía hacer un descubrimiento tan asombroso. Habiendo apenas removido el último de los excéntricos y después de haberlo puesto en manos muy competentes, al final de muchos días de tensión de trabajo de campo bajo circunstancias muy difíciles, yo pude finalmente contemplar lo que había hecho. Así vino a mi mente la obra en dos actos.

Cuchillo de pedernal Art. 90-2
**Chert knife Art. 90-2**

young archaeologist with a team of contemporary Mayas re-opens the sacred niche and witnesses the marvels therein. In the archaeologist's mind only an instant has passed, and he can almost see the parched, dark brown hand that carefully placed the offering in its sacred resting place. But for the closing and opening of the curtain, their hands almost touched.

By the way, regarding that crying scene caught on video, I didn't think that the cameras were still rolling. The crew was literally packing up all their stuff, including most of the lights; and it was just my friend Chris Webber and I, sitting in a dark tunnel, talking about how it felt to make such an amazing discovery. Having just removed the last of the eccentrics and placed it in very capable hands, at the end of many stressful days of hard work under difficult circumstances, I could at last contemplate what I had actually done. That is how the two-act play came into being.

Oscar Cruz, el autor y Bill Fash inspeccionan los excéntricos cuando primero llegaron al laboratorio.

**Oscar Cruz, the author and Bill Fash inspect the eccentrics as they first arrived in the laboratory.**

# LOS SECRETOS MÁS PEQUEÑOS DE ROSALILA

### ... Otros Pequeños Secretos

Mis excavaciones en Rosalila también revelaron otros tesoros maravillosos que resultaron de los ritos mayas. En su mayoría, estos eran ofrendas pequeñas de jade y de conchas de mar, colocados dentro de hoyos pequeños, hechos en pisos de estuco más antiguo y cubiertos por nuevos pisos. En la arqueología maya, se ha encontrado que estas ofrendas aparecen a lo largo de los ejes principales de los edificios, y Rosalila no está exenta de este patrón.

Encontré cuatro de estas ofrendas en el cuarto central, todos por el centro del cuarto y alineados de norte a sur. Por regla, estas ofrendas consisten en dos mitades de una concha marina *Spondylus*, con objetos de jade entre ellas. Por lo general, la parte de adentro de la concha marina está roseada con pigmento rojo (cinabrio) y, a menudo, también lo está la parte de afuera. Es por

Ofrenda de concha y jade, Art. 93-2 A, B

**Shell and jade offering, Art. 93-2 A, B**

Desde el campo hasta el laboratorio: secuencia de fotos de la ofrenda Art. 93-3 A, B, C. El jade principal representa a un hombre jorobado.

**From the field to the laboratory: photo sequence of Art. 93-3 A, B, C. The larger jade represents a hunchback.**

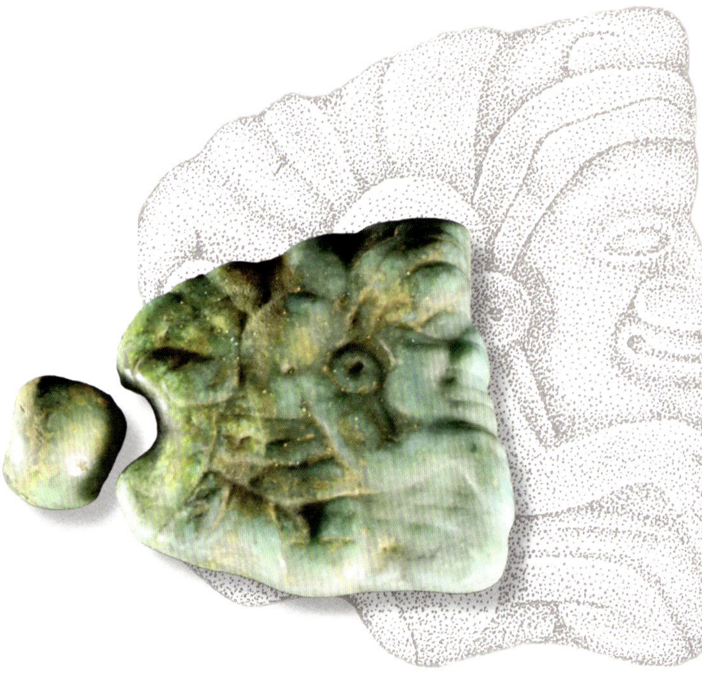

# ROSALILA'S SMALLER SECRETS

## … Other Little Secrets

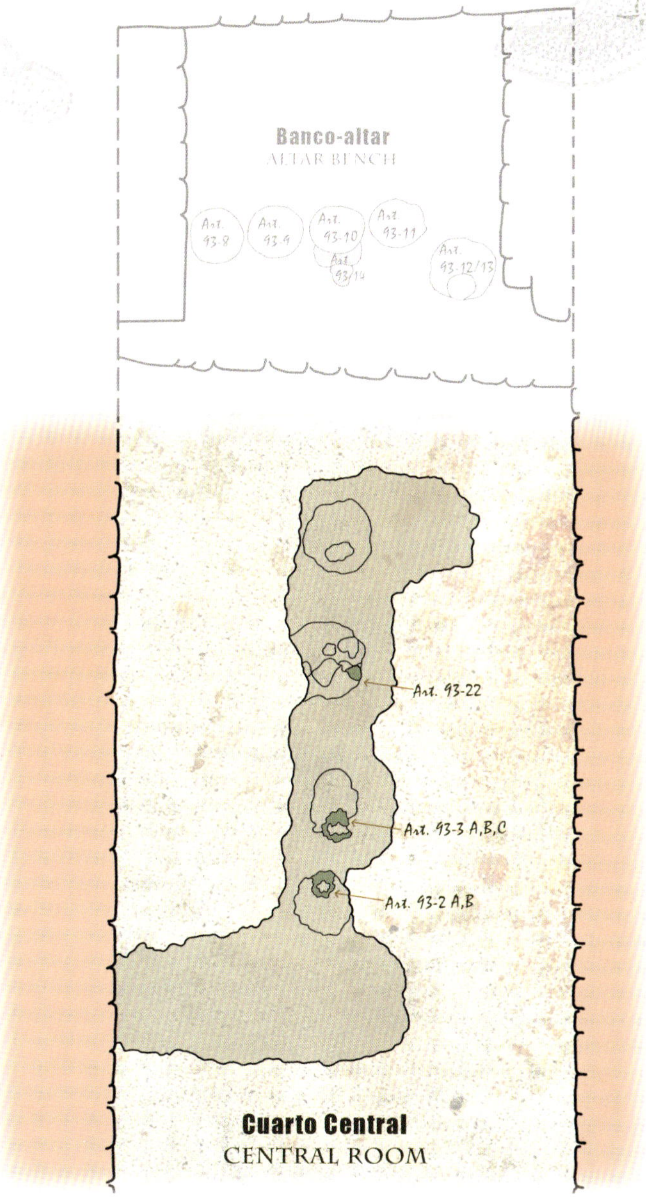


My excavations of Rosalila also revealed a few other marvelous treasures that resulted from Maya rituals. For the most part these were small offerings of jade and shell, placed inside small holes dug into older plaster floors and covered by new ones. In Maya archaeology, they have been found to occur along the principal axis of buildings and Rosalila is no exception.

In the central room I found four of them, all along the center of the room and aligned from north to south. As a rule, these offerings consist of two halves of a *Spondylus* seashell with jade objects placed between them. Usually the inside of the shell is sprinkled with red pigment (cinnabar) and oftentimes so is the outside. It is for this reason that many Maya

Art. 93-22, un jade finamente tallado con la figura de un noble sentado con sus manos frente a su pecho.

**Art. 93-22, a finely carved jade representing a seated lord with his hands held in front of his chest.**

esta razón que muchos jades mayas pueden verse tener pintura roja sobre ellos. En muchos casos, el jade está elaboradamente tallado con el retrato de un gobernante. Es por eso que estas ofrendas se consideran que son hechas para los ancestros quienes residen en el Inframundo acuoso, representado aquí por las conchas de mar.

Yo encontré dos más de estas maravillosas ofrendas a lo largo del eje central de las graderías principales de Rosalila, en el lado oeste del edificio. Una de estas ofrendas tenía una placa hermosa de jade que representa a un gobernante parado, casi como una estela en miniatura.

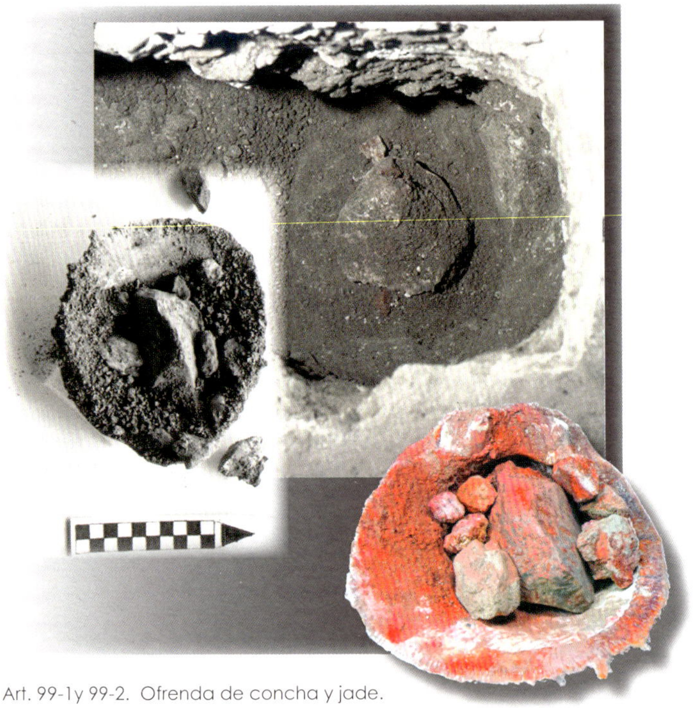

Art. 99-1y 99-2. Ofrenda de concha y jade.
Es evidente el pigmento rojo que fue rociado sobre los objetos.

**Art. 99-1 & 99-2. Shell and jade offering. Note the large amount of red pigment scattered over the objects.**

El dibujo señala la ubicación de las ofrendas (pp. 100-101) en la graderia principal de Rosalila y en la proximidad de esta.

**The illustration shows where offerings (pp. 100-101) were found on the principal staircase of Rosalila and nearby.**

Preciosa escultura (CPN 22362 )de un hombre. Curiosamente, la cabeza (CPN 22361) que fue colocada junto a este torso no es la que corresponde a este. Mas bien la encontramos, muchos años más tarde en el interior de otro edificio, llamado Oropéndola (CPN 28983).

**Unique sculpture (CPN 22362) of a human torso. Curiously, the head that was placed next to it (CPN 22361) was not the one that fits it; rather we found the corresponding one (CPN 28983) several years later in another building, called Oropendola.**

jades can be seen to have red paint on them. In many cases, the jade is elaborately carved with the portrait of a ruler. Because of this, these offerings are considered to be made to the ancestors who reside in the Watery Underworld, represented here by the seashells.

I found two more of these wonderful offerings along the central axis of Rosalila's principal staircase, on the west side of the building. One of these had a beautiful jade plaque that portrays a standing ruler, almost like a miniature stela.

Art. 92-15, ofrenda de concha y jade. La hermosa placa de jade representa a un gobernante parado y se asemeja a los retratos de los reyes en las estelas.

**Art. 92-15, offering of shell and jade. The beautiful jade plaque portrays a standing ruler, much like the images of kings on the stelae.**

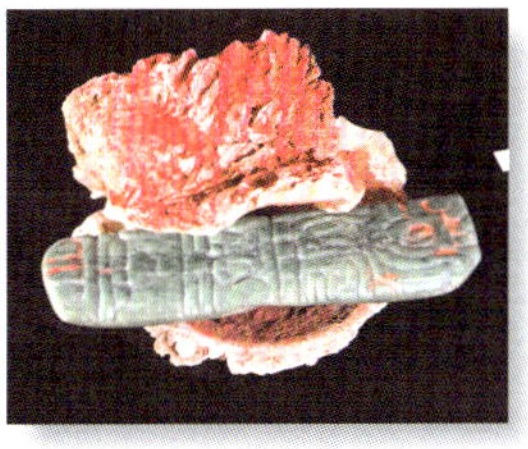

Foto reciente del autor en los túneles frente al edificio Oropéndola

# UN DÍA
## en la Vida de un Arqueólogo Maya

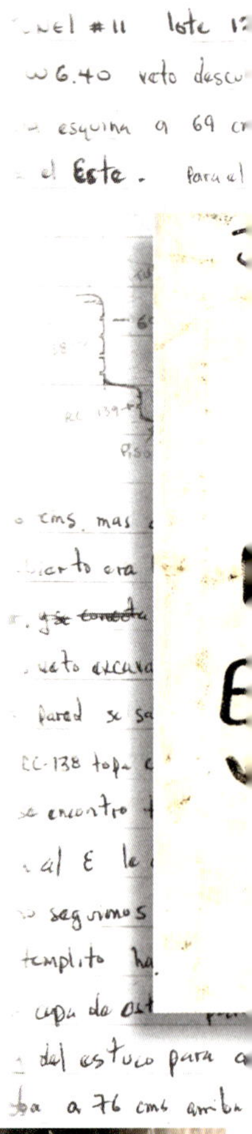

Comienza el día en la vida de un arqueólogo maya con ponerse su pistola, machete y látigo y montarse en su brioso corcel? No, en realidad es más como sigue.

El despertar está asociado con los gallos y su canto melancólico. Sucede alrededor de las cinco de la mañana. Al comienzo de la temporada (en enero), está por lo general oscuro a esa hora, pero a los gallos no parece importarles. El desayuno viene unos minutos después.

Si tienes suerte, el desayuno puede tomarse en casa, pero para la mayoría es la primera actividad "en grupo" y toma lugar en la "casa del proyecto". Lo común es el "corn flakes" con leche caliente y huevos revueltos con tortillas frescas. El café siempre es bienvenido. Se recomienda mucho azúcar. Mi primo Fernando, quien trabaja para la industria del azúcar, me asegura que son esas muchas cucharadas de azúcar las responsables por el trabajo que se hace en Honduras durante las mañanas. A su parecer, son ellas la fuente del poder nuclear para nuestros modernos trabajadores mayas en Copán.

Cuando salimos hacia el sitio, empaquetados en la paila de un pickup, lo que llevamos puesto es por lo general una mochila vieja llena de implementos arqueológicos: compás, cucharas de albañil, cinta métrica, niveles de línea, cuerda de cáñamo, etiquetas, bolsas, cámara y varios cuadernos, plumas y lápices. Los arqueólogos de túneles deben agregar focos de mano y bombillos de luz. No hay ni armas de fuego ni látigos; los machetes son opcionales. Hoy día, los instrumentos electrónicos quieren reemplazar alguna de la herramienta tradicional; pero con el polvo, tierra y humedad no son tan consistentes.

Recent photo of the author in the tunnels next to the Oropendola building

# A DAY

## in the Life of a Maya Archaeologist

Does a day in the life of a Maya archaeologist begin with strapping on his gun, machete, and whip, and jumping on his faithful steed? Not really, it is more like this...

Wakeup is closely associated with roosters and their mournful crowing. It occurs around five in the morning. At the beginning of the season (in January), it is usually pitch black at that hour, but the roosters seem not to care. Breakfast occurs sometime thereafter.

If you are fortunate, breakfast can take place at home, but for many it is the first "team" activity and takes place at the "project house". Corn flakes with hot milk are standard, as well as scrambled eggs with freshly made tortillas. Coffee is always good. Lot's of sugar is recommended. My cousin Fernando, who works for the sugar industry, assures me that it is those plentiful spoonsful of sugar that are responsible for any work getting done in Honduras during the mornings. In his eyes, these are the source of nuclear power for our modern Maya workers at Copan.

As we head out to the site, packed on the back of a pickup truck, what we have strapped on is usually a weather worn back pack full of archaeological gear: compass, trowel, metrical measuring tape, line levels, string, tags, bags, camera and lots of notebooks, pens and pencils. Tunnel archaeologists must add flashlights and light bulbs. No guns or whips, but machetes are optional. Nowadays, electronic gadgets have replaced some of the traditional gear; but with the dust, grime and humidity they are not all that consistent.

El difícil trabajo en los espacios reducidos de los túneles

**Tough work in the cramped spaces of the tunnels**

El trabajo comienza a las 7:00 am. Ya para este tiempo, muchos de nuestros trabajadores energizados por la azúcar han caminado por una hora para llegar al sitio. El tiempo está fresco y muchas veces estamos cubiertos por neblina. Pero el rey sol no toma mucho tiempo en disipar ambas situaciones.

Cada nuevo día también trae el estímulo en cuanto a las nuevas cosas que se excavarán. De modo que en las horas tempranas de la mañana, todo mundo comienza en sus unidades de excavación con grandes expectativas.

Los túneles son un poco más desafiantes que las otras formas de excavación más tradicionales. El espacio de trabajo es reducido y los implementos que se utilizan son un poco más cortos, de modo a que puedan utilizarse más fácilmente en estos espacios reducidos. No todo mundo está preparado para esta clase de trabajo. Las medidas y las fotografías son igualmente difíciles de tomar. Aun la toma de notas puede ser desafiante. En el mundo oscuro de los túneles, las bombillas de luz crean su propia realidad y afectan nuestros sentidos de profundidad y de color. También pueden ser muy asustadizos cuando la luz se va (y en Copán esto es MUY común) y tus focos también fallan. En esos momentos, "silencio" y "oscuridad" toman nuevos significados. Es un silencio más profundo y un negro más oscuro de lo que puedes imaginarte.

A las 9:00 am los trabajadores toman su primer descanso, o como ellos lo llaman, toman desayuno. El azúcar y el café tomados en la madrugada necesitan un refuerzo. Allí llegan las tortillas. Es un tiempo magnífico para ponerse al día con las notas o para revisar el estado de las excavaciones.

Ya para el medio día, cuando el sol y el calor aprietan, se disminuye la expectativa de trabajo.

El ambiente hostil de los túneles: oscuro y caliente

**The hostile environment of the tunnels: dark and hot**

Work starts at seven AM. By this time many of our sugar-powered workers have walked for an hour to get to the site. The weather is cool, and often times we are enveloped in mist. But the sun king does not take long to dissipate both.

Every new day also brings excitement as to what new things will be unearthed. So in the early morning hours, everyone jumps into their excavation units with great expectations.

Tunnels are a bit more challenging than other, more traditional forms of excavation. The workspace is reduced and the tools we use are shortened so that they are easier to handle in these smaller spaces. Not everyone is suited to this kind of work. Measuring and photographing are equally difficult. Even note taking can be challenging. In the dark world of tunnels, light bulbs create their own reality and our sense of depth and color are affected. They can also be scary when the electric power fails (and at Copan this is VERY common) and your flashlight goes on the blink. At those moments, "silence" and "darkness" take on whole new meanings. It is a deeper quiet and a darker black than you can imagine.

At nine AM the workers take their first break, or as they call it, have "desayuno" or breakfast. The fast-acting sugar and coffee need some reinforcements. A handful of tortillas come into play. It is a wonderful time to catch up on notes or review the status of excavations.

By noontime, as the sun and heat take their toll, work expectations are diminished.

Lunch is at twelve o'clock sharp. Mysteriously, all the workers, even those who are in the deepest tunnels and have no sun or watches to guide themselves by, know that the time has arrived. Lunch is not exciting, usually cold tortillas,

Bill Fash y el autor en frente de Rosalila cuando el edificio fue expuesto por primera vez

**Bill Fash and the author in front of Rosalila when it was first exposed**

El almuerzo es exactamente a las 12:00 m. Misteriosamente, todos los trabajadores, aun aquellos que están en los túneles más profundos y no ven el sol o tienen relojes para guiarse, saben que la hora ha llegado. El almuerzo no es emocionante, por lo general consta de tortillas heladas, arroz pegajoso, un huevo duro cocido y una clase de carne indeterminada. Los trabajadores saben mejor; ellos comienzan fuegos pequeños para calentar sus tortillas. Aunque el tiempo de almuerzo solamente dura una hora, hay suficiente tiempo para una siesta. Por supuesto, los arqueólogos mayas, como son tan serios, no toman siesta; en vez, ellos entran en un trance de mala-comida-y-de-calor-excesivo.

La tarde es siempre una prueba de resistencia y todo mundo se alegra cuando llegan las cuatro de la tarde y empacamos y nos vamos a casa.

sticky rice, a hard-boiled egg and some sort of indeterminate meat. The workers know best; they start small fires to heat up their tortillas. Although the lunch break only lasts one hour, there is enough time for a siesta. Of course serious Maya archaeologists do not take a siesta; instead they go into a bad-food-and-excessive-heat coma.

The afternoon is always a test of endurance and everyone is happy when four o'clock rolls around and we pack up and head home.

El autor frente al panel norte de Rosalila, el cual deletrea el nombre del Fundador, K'inich Yax K'uk Mo'

**The author in front of Rosalila's north panel which spells out the Founder's name, K'inich Yax K'uk Mo'**

Mi equipo de trabajo al principio y ahora **My team in the early days and today**

Oscar Canan

Beto Méndez (quien encabezaba el equipo de excavación que encontró a Rosalila)

**Beto Mendez (who headed the excavation team that found Rosalila)**

Los gemelos/ **The twins**:
Napoleón Zerón (P. 110)
Salvador Zerón (P. 111) con su familia/**with his family**

Placido Avalos,
en los túneles y con su familia
**in the tunnels and with his family**

Julito Meléndez,
en los túneles  y con su familia
**in the tunnels and with his family**

# SECRETOS QUE AYUDAN A LA GENTE

En estos días está de moda en la arqueología hablar acerca del impacto de la profesión en el desarrollo de las comunidades locales. Pero hacia fines de los 1970s, cuando la arqueología contemporánea comenzó en Copán, no lo era. No obstante, eso es lo que estábamos haciendo.

Nuestro primer proyecto arqueológico, apadrinado por el gobierno (el Proyecto Arqueológico Copán, PAC) comenzó en 1978. Ese proyecto era solamente una pequeña parte de un proyecto de desarrollo más grande que el gobierno estaba implementando con financiamiento del Banco Centroamericano de Integración Económica (BCIE). Este proyecto resultó de la colaboración de tres hondureños muy distintos. El primero de estos fue un hombre nacido en Copán, quien amaba estas ruinas sobre todo, el Dr. José Adán Cueva. Él era, por ese tiempo, el Director del Instituto Hondureño de Antropología e Historia (IHAH) y encargado de la arqueología de todo el país. En segundo lugar estuvo el Dr. Enrique Ortez Colindres, en aquel entonces, presidente del BCIE. Él se atrevió a apostar que los recursos arqueológicos podrían ser de gran importancia en el desarrollo de la industria turística y con su apoyo no solamente se financió nuestro proyecto, sino también el Proyecto Arqueológico Tikal en Guatemala. Por último, pero no menos importante, fue un hondureño con una rara combinación de títulos en economía y arqueología, Roberto Reyes Mazzoni. Él había estudiado en México y en aquel momento era un analista en el BCIE. Después de haberse iniciado el proyecto, Roberto se convirtió en el funcionario del banco encargado del proyecto.

# SECRETS THAT HELP PEOPLE

Nowadays it is fashionable in archaeology to talk about the impact of the profession in the development of local communities. But in the late 1970's, when contemporary archaeology began at Copan, it was not. Nevertheless, that is what we were doing.

Our first government sponsored archaeological project (the Proyecto Arqueológico Copán, PAC) began in 1978. It was just a small part of a larger development project that the government implemented with financing from the Central American Bank (BCIE). This project was the result of the collaboration of three very different Hondurans. First and foremost was a man born in Copan, who loved the ruins above all else, Dr. Jose Adan Cueva. He was then the director of the Honduran Institute of Anthropology and History (IHAH) and in charge of the archaeology of the entire country. Second was Dr. Enrique Ortez Colindres, then president of the BCIE. He gambled and bet that archaeological resources could be of significant importance in the development of the tourism industry and with his support not only did our project get financed but so did the Proyecto Arqueológico Tikal in Guatemala. Last, but not least, was a Honduran with a rare combination of degrees in economics and archaeology, Roberto Reyes Mazzoni. He had studied in Mexico and was at the time an analyst at BCIE. After the project began, Roberto was the bank officer in charge of it.

Fresh out of graduate school (Tulane University), I was one of the young archaeologists hired to work in the PAC. Bill Fash was another. At that time

Recientemente graduado (Universidad de Tulane), yo fui uno de los arqueólogos jóvenes contratado para trabajar en el PAC. Bill Fash fue otro. En ese tiempo no existía carretera pavimentada para llegar a Copán donde la electricidad, agua potable y alcantarillado eran marginalmente disponibles. El PAC y los dos proyectos que siguieron apadrinados por el gobierno cambiarían todo esto durante las dos décadas siguientes.

A finales de los 1970s, la aldea de San José de Copán (conocido también por el nombre equivocado de Copán Ruinas) era un pueblo de agricultura muy tranquilo. La principal fuente de trabajo para los aldeanos era en los campos agrícolas para la producción de tabaco y de café. Este trabajo era de temporada y muy sujeto a las vicisitudes del mercado de las comodidades internacionales. Cuando los precios eran buenos, el pueblito prosperaba; cuando no lo eran, la gente pasaba malos ratos. En general, era un pueblito con mucha pobreza.

El sitio arqueológico era importante solamente por el hecho que contrataba un pequeño número de gente tanto para mantenimiento como para seguridad. El turismo era una consideración secundaria ya que solamente llegaban unos 12,500 visitantes al año. Había unos pocos hoteles muy modestos (si pueden así llamarse) y aun menos, restaurantes. Los hoteles eran realmente más como "pensiones" o hogares de familias que tenían unos cuantos cuartos extra para alquilar. Los huéspedes comían con las familias anfitrionas y compartían los mismos platos. Los restaurantes eran más o menos lo mismo. Por lo general, ofrecían un plato principal por comida, pero uno podía optar por comer solamente arroz o papas, en vez de ambos. Yo no recuerdo una tienda llena de baratijas para turistas.

there was no paved highway to get to Copan where electricity, potable water and sewage were only marginally available. The PAC and the two government-sponsored projects that followed would change all of that over the next two decades.

In the late 1970's, the village of San Jose de Copan (also known by the misnomer of Copan Ruinas) was a very quiet agricultural town. The principal source of employment for the villagers was working in the fields for the production of tobacco and coffee. This work was seasonal and very much subject to the vicissitudes of the international commodities market. When the prices were good, the town prospered, when they were not, people had a hard time making a living. Overall, it was a fairly poor town.

The archaeological site was important only to the extent that it hired a small number of people for maintenance and security. Tourism was a secondary consideration since there were only about 12,500 visitors per year. There were a few very modest hotels (if they can be called that) and even fewer restaurants. The hotels were really more like "pensiones" or family homes with a few extra rooms that were rented out. The guests ate with the host family and had the same meal they did. The restaurants were in the same venue: Mostly they just had one main dish per meal, but you could opt for having just rice or potatoes instead of both. I do not recall a single shop full of trinkets just for tourists.

In town, electricity was provided by an old, beat up diesel generator, which the "power company" would start up at 6 PM and turn off at 9. We got all of three hours! Even then, the demand was such that the light bulbs would scarcely give off a yellow glow any-

En el pueblo, la electricidad la proveía un generador de diesel viejo y maltratado, el que la "compañía de la luz" ponía a funcionar a las 6:00 pm y lo apagaban a las 9:00 pm. ¡Recibíamos tres horas de luz! Aun así, la demanda era tal que los focos de luz apenas daban una lucecita amarilla. No había electricidad para refrigeración, de modo que yo me llevé prestado un refrigerador viejo de kerosén que mi papá tenía en la finca y lo puse a trabajar. Me convertí en un experto para cortar las mechas y llenar el tanque; todo funcionaba muy bien. Teníamos también lámparas de kerosén para las horas después de que el generador se apagaba, pero en general nos acostábamos temprano.

De todas maneras, no se oía hablar de la vida nocturna, que en sus mejores momentos tan sólo llegaba a consistir en una serenata de fin de semana por Luis Cruz a la luz de la luna, en el parque central o en la "glorieta" (jardín interior) del Hotel Marina. Cerveza caliente siempre estaba a la mano en el "bar de la iglesia" (así apodado por los arqueólogos), el que era únicamente una choza de madera, al par de la iglesia. Si te quedabas afuera demasiado tarde, tus cantares tendrían que competir con los latidos de los perros; y al siguiente día correrías el riesgo de ser reprendido por la red social de los más viejos y más dignificados miembros de la sociedad local. Ellos ciertamente sabían cómo hacerte saber que no habían tenido una buena noche, debido a todo el ruido.

way. There was no power for refrigeration so I borrowed an old kerosene refrigerator from my dad's farm and put it to work. I got really good at trimming the wick and re-fueling the tank, and it worked pretty well. We also had kerosene lamps for those hours after the generator was turned off, but in general we would go to bed early.

In any case, nightlife was unheard of and at best would consist of a weekend, moonlight serenade by Luis Cruz in the central park or in the "glorieta" (interior garden) of the Hotel Marina. Warm beer was always available from the "church bar" (so nicknamed by archaeologists), which was just a wooden shack next to the church. If you stayed out too late, your singing would have to compete with the barking of the dogs; and the next day you would risk being reprimanded by the social network of the older,

Todos los quehaceres del hogar eran un poco más desafiantes sin agua. Esto significaba jalar agua del Río Copán durante la temporada seca (enero a mayo) y colectando agua de lluvia después. A veces también significaba ir al río a bañarse. Esa parte podía a menudo ser bastante agradable. Para tener agua un poco más limpia teníamos que ir en carro a un manantial de agua fresca cerca de la aldea de Santa Rita. ¡No es necesario discutir lo referente al alcantarillado!

Mi esposa, Amalia, era un alma valiente en esos días y se vino a vivir conmigo a Copán. Ella fue más valiente aún al traer con ella a nuestra hija pequeña, Pucci. Solamente piensen en el desafío de cocinar y de lavar ropa sin agua. La vivienda no era mucho mejor. En primer lugar, no había mucho de donde escoger para alquilar; la gente vivía en las casas que tenían, de esa manera rentar era extremadamente limitado. Cuando por fin logramos encontrar una casa, era una pequeña, con paredes de adobe y techo de teja. Este último frecuentemente goteaba durante la estación lluviosa y nos bañaba con suciedad e insectos durante el resto del año. ¡Ocasionalmente un escorpión caía de lo alto! No obstante, la experiencia nos hizo apreciar más los lujos de la vida moderna.

Según pasaba el tiempo en Copán, yo iba de escuchar las noticias del mundo en la Voz de América y Radio BBC (en un radio transistor), a verlas en Televisión de CNN Internacional y de BBC; de obtener noticias ocasionales sobre mi familia por medio de un telegrama de mi papá, a hablar con los miembros de mi familia todos los días por medio de un celular; de mecanografiar in-more dignified members of the local society. They certainly knew how to let you know that they had not had a good night sleep because of all the noise.

Making due without water was a bit more challenging. It meant hauling water from the Copan River during the dry season (January through May) and collecting rainwater thereafter. At times it also meant going down to the river for a bath. That part could often be quite enjoyable. In order to have some cleaner water we would need to drive to a freshwater spring close to the neighboring village of Santa Rita. The part about sewage we need not discuss!

My wife, Amalia, was a brave soul in those days and came to live with me in Copan. She was even braver to bring our young daughter, Pucci, with her. Just think about the challenge of cooking and washing clothes with no water. Housing was not much better. First of all, there was not much available for rent; people lived in the houses they owned, so rentals were extremely limited. When we finally managed to find a house, it was small and had adobe walls with a tiled roof. The latter would frequently leak during the rainy season and shower us with dirt and insects during the rest of the year. Occasionally a scorpion would drop down from the heights! Nevertheless, the experience made us all so much more appreciative of the luxuries of modern living.

As things moved forward in Copan, I went from listening to world news on the Voice of America and BBC Radio (on a transistor radio) to seeing it on CNN International and BBC Television; from getting occa-

*Copán era un gran éxito en términos de desarrollo socio-económico sostenible ligado a un recurso de herencia cultural.*

formes en una máquina vieja Smith-Corona (con una copia carbón), a escribir este libro en una computadora Mac-mini.

La vida en la aldea de Copán ha cambiado drásticamente desde el tiempo cuando yo comencé a trabajar aquí en 1978. A mi gran satisfacción, pude ver como nuestros pobres trabajadores mejoraban su estilo de vida. Cuando iniciamos estos trabajos, muchos de ellos venían a trabajar sin zapatos. Cuando terminamos, tantos de ellos estaban bien vestidos y andaban en bicicletas, de modo que tuvimos que construir un estacionamiento para ellos.

Además de financiar las primeras excavaciones a gran escala en el Grupo Principal desde los 1940s, el PAC pavimentó la carretera e instaló la electricidad en pleno, agua potable y el alcantarillado. Tanto el gobierno como el BCIE estaban apostando que los turistas seguirían el nuevo camino. Estos lo hicieron al grado que rompieron todas las expectativas. Copán era un gran éxito en términos de desarrollo socio-económico sostenible ligado a un recurso de herencia cultural. Para 2006 (el año de mayor visitación turística al sitio) estábamos registrando más de 170,000 turistas. Había más de 40 hoteles en el pueblo, 45 restaurantes y bares y 25 tiendas de baratijas. Las entradas en el sitio arqueológico habían ido de 12,500 a 1,580,000 dólares en el 2007. Estimaciones actuales de las entradas generadas por Copán en la industria turística de Honduras las ponen a más de treinta millones de dólares por año. Para un país pequeño, eso es bastante dinero. El pequeño y tranquilo pueblo agrícola se había convertido en una meca de turismo, con el modo de vida de los locales mejorando de conformidad.

No hay duda de que en el proceso de descifrar muchos de los secretos de Copán, habíamos hecho una contribución significante al crecimiento y desarrollo de la comunidad local.

*Copan was a huge success in terms of sustainable socio-economic development tied to a cultural heritage resource.*

sional family news in a telegram from my dad, to talking to my family members every day on a cellphone; from typing reports on an old Smith-Corona machine (with a carbon copy) to writing this book on a Mac-mini computer.

Life in the village of Copan has certainly changed drastically from the time when I started working here in 1978. To my great satisfaction I was able to see how our poor workmen improved their lifestyles. When we first began, many of them came to work barefooted. By the time we finished, so many of them were well-dressed and riding bicycles to work that we had to build a special parking lot for them.

Besides financing the first large scale excavations in the Main Group since the 1940's, the PAC got the road to Copan paved and installed fulltime electricity, potable water and sewage. The government and the BCIE were betting that tourists would follow the new road. They did to an extent that beat all expectations. Copan was a huge success in terms of sustainable socio-economic development tied to a cultural heritage resource. By 2006 (the heyday of tourism to the site) we were receiving upwards of 170,000 tourists. There were over 40 hotels in town, 45 restaurants and bars, and 25 trinket shops. Direct income at the archaeological site had gone from US$12,500 in 1975 to US$1,580,00 in 2007. Current estimates of the revenues generated by Copan in the Honduran tourism industry place it at over thirty million dollars per year. For a small country, that is a lot of money. The small, sleepy agricultural town had become a mecca of tourism with the lifestyle of the locals improving accordingly.

There can be no doubt that in the process of unraveling many of Copan's secrets, we had made a significant contribution to the growth and development of the local community.

# El Pueblo de Copán Ruinas

## THE VILLAGE OF COPÁN RUINAS TODAY

El pueblo colonial de Copán Ruinas en el occidente de Honduras está solo 12 kilómetros de la frontera con Guatemala. Situada a 700 metros (2,300 piés) sobre el nivel del mar, goza de un clima moderado.

A tan solo una milla de distancia del parque arqueológico, la villa encanta a turistas de todas partes del mundo con sus bonitos hoteles y su auténtica cocina. Hay mucho que hacer como explorar las callecitas empedradas y los museos, montar a caballo, visitar el santuario de aves, y naturalmente, comprar los recuerdos realizados a mano por artesanos locales.

The colonial village of Copan Ruins is located in western Honduras just 12 kilometers from the border with Guatemala. At an altitude of 700 meters (2300 ft) above sea level, it enjoys a moderate climate.

Only a mile from the archaeological site, the town charms tourists from all over the world with its quaint hotels and the authentic cuisine. There is plenty to do, exploring the cobblestone streets and museums, horseback riding, a visit to the bird sanctuary, and, of course, shopping for hand crafted souvenirs made by local artisans.

SERVICIO ESPECIAL
MTO 052
COTRAETPIM
MTO 052
MT0027

SOUVENIRS
YAX KUK MO
SERVICIO ESPECIAL
MT 0004

Hotel
CASA
Gabriela
Restaurant

CASA
DE LOS
ARTESANOS
B'ALAM
ALFAR
GALERIA DE ARTE
JOYERIA ETNICA
Banco

# EL ÚLTIMO GRAN SECRETO DE ROSALILA

Rosalila todavía continúa creciendo! No, no es que el edificio mismo esté creciendo, sino que su importancia en el mundo, y especialmente en Honduras, está expandiéndose.

Con una altura total de 12.9 metros y de 12.5 por 18.5 metros, Rosalila siempre ha sido un edificio bastante grande. Se destaca aun más en Copán y en el Mundo Maya porque ha sido conservado en una condición tan extraordinaria. Dentro del campo de la arqueología maya ha permanecido como un gigante no sólo porque refleja gran cantidad de detalles del arte y la arquitectura maya pero también porque alberga muestras perfectamente conservadas (y uno aún podría decir "petrificadas") de antiguas prácticas rituales. Nos ha dado una ventana única hacia el pasado maya y aún hacia la perspectiva religiosa, o cosmovisión, de una civilización sumamente avanzada que colapsó hace más de mil años.

La investigación sobre Rosalila continúa hoy día, veinticinco años después de su descubrimiento. Trabajo reciente, utilizando métodos científicos nuevos, ha traído revelaciones emocionantes. Queda todavía mucho por hacerse a medida que mentes jóvenes brillantes y nuevos métodos prometen más para el futuro.

Réplica de Rosalila en el Museo de Escultura de Copán

# ROSALILA'S LAST BIG SECRET

Rosalila is still growing! No, it is not that the building itself is getting any larger but that its importance in the world, and especially in Honduras, is expanding.

With a total height of 12.9 meters and a footprint of 12.5 by 18.5 meters, Rosalila has always been a fairly large building. It has loomed even higher in Copan and in the Maya World because it is preserved in such an extraordinary condition. Within the field of Maya archaeology it has remained a giant not just because it reflects enormous details of Maya art and architecture but also because it houses perfectly preserved (and one could even say "petrified") examples of ancient ritual practices. It has given us a unique window into the Maya past and even into the religious views, or cosmovision, of a high civilization that collapsed more than one thousand years ago.

The research on Rosalila continues to this day, twenty-five years after its discovery. Recent work, using novel scientific methods, has brought exciting revelations. Much more is still to be done as bright young minds and new methods promise more for the future.

Rosalila is still growing in its importance for the local community. Its replica in Copan's Sculpture Museum

Replica of Rosalila in Copan's Sculpture Museum

Rosalila continúa creciendo en su importancia para la comunidad local. Su réplica en el Museo de Escultura de Copán todavía asombra a nuevos visitantes y las líneas de visitantes para ver el edificio original, vía el Túnel de los Visitantes, continúan creciendo. Es una atracción mayor, que trae los dólares del turismo que tanto se necesitan para la economía local. Es también una fuente mayor de orgullo para la gente del pueblo y puede reconocérsele como tal en actos simbólicos, como nombrando una calle (Calle Rosalila) en el extremo sur del pueblo, o dándole nombres a negocios como un hotel, una cafetería y a una tienda de curiosidades. Ha inspirado a brillantes mujeres de negocio como a mis queridas amigas, las muchachas Castejón, a crear una marca de café llevando su nombre. ¡No puedo argumentar convincentemente que el café es sobresaliente, como debería ser en honor a su tocayo, porque todavía no he recibido un regalo del mismo!

Desde su primer descubrimiento, Rosalila ha salido de las fronteras de Honduras, recibiendo su primer gran reconocimiento a nivel mundial en septiembre de 1991, con un artículo de plana mayor en la Revista National Geographic (en aquel momento en su apogeo como una revista mayor). No mucho después (1993) apareció en un documental mayor de la Televisión de National Geographic ("Reinos Perdidos de los Mayas"). Muchos otros han seguido después.

Imágenes y réplicas de Rosalila han andado por todo el mundo como embajadores de Honduras en exhibiciones arqueológicas, ferias de turismo y ferias mundiales. Pueden encontrarse en folletos de viaje, guías

still awes new visitors and the lines to view the original building via the Visitor's Tunnel continue to grow. It is a major attraction, which brings in badly needed tourism dollars to the local economy. It is also a major source of pride to the townspeople and can be recognized as such in symbolic acts such as the naming of a street (Calle Rosalila) on the southern end of town, or the naming of businesses such as a hotel, cafeteria and curio shop. It has inspired bright entrepreneurial businesswomen such as my dear friends, the Castejon girls, to create a coffee brand bearing its name. I cannot argue convincingly that the coffee is outstanding, as it should be in honor of its namesake, because I have yet to receive a gift of it!

From its first discovery, Rosalila has gone beyond the borders of Honduras, receiving its first huge worldwide recognition in September of 1991 with a major article in National Geographic Magazine (then in its heyday as a major journal). Not long thereafter (1993) it appeared in a major documentary of National Geographic Televisions ("Lost Kingdoms of the Maya"). Many others have followed.

Images and replicas of Rosalila have travelled around the world as ambassadors for Honduras in archaeological exhibits, tourism fairs and world's fairs. They are to be found on travel brochures, tourism guidebooks and even on electronic hotel keys! Per-

*¡Quizá una de las muestras más gustosas de este género han sido las galletas de Rosalila!*

de turismo y aun en las tarjetas electrónicas de llaves de hoteles. ¡Quizá una de las muestras más gustosas de este género han sido las galletas de Rosalila!

Rosalila todavía continúa también creciendo en los corazones y mentes de la buena gente de Honduras. Como las mismas ruinas de Copán, se ha vuelto un símbolo de "buenas cosas" en un país donde, en tiempos recientes, las malas noticias exceden las buenas. Para este país pequeño con un gran corazón, estas ruinas, reconocidas mundialmente como un sitio mayor de patrimonio cultural, son una fuente mayor de orgullo.

Yo soy grande. Mido 1.94 metros (6 pies y 4 pulgadas). Mucha gente que me detiene en las calles de Honduras y me rinden las gracias por el trabajo que he hecho, creen también que yo soy una persona "grande" de verdad y quizá aun "importante". Me humillan. La verdad de todo esto es que soy yo quien ha sido honrado por el privilegio de trabajar en Copán. Soy yo quien ha sido la persona más afortunada de la tierra al haber podido trabajar en lo que más amo y haber tenido éxito en ello. He sido yo quien ha tenido el privilegio enorme de servir a su país.

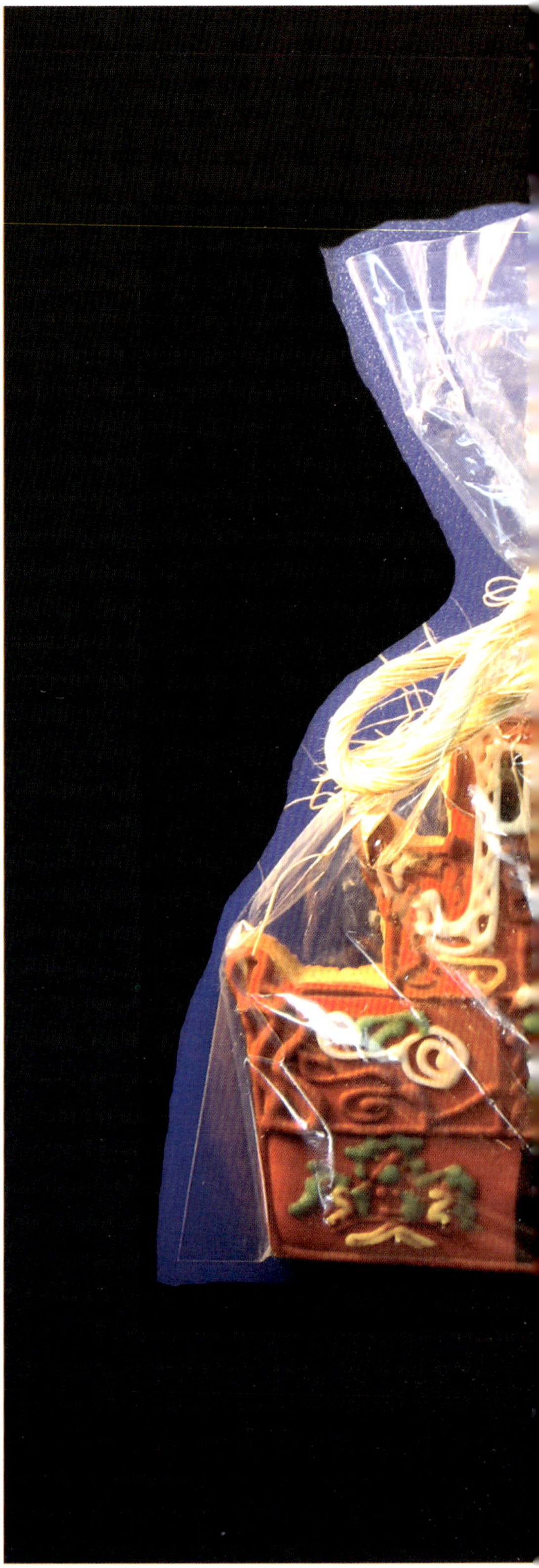

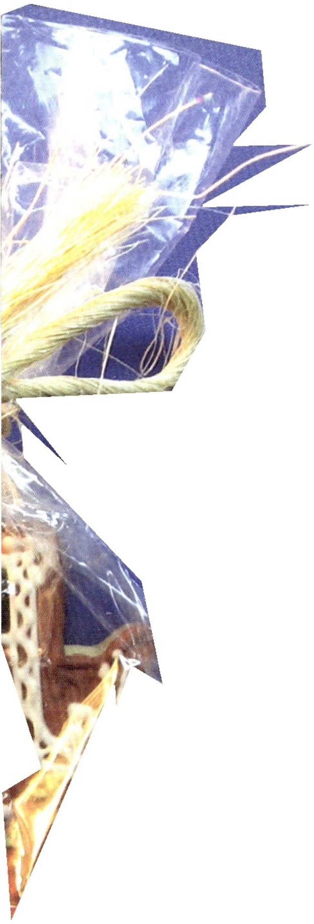

*Perhaps one of the tastiest examples of this genre has been the Rosalila cookie!*

haps one of the tastiest examples of this genre has been the Rosalila cookie!

Rosalila is also still growing in the hearts and minds of the good-willed people of Honduras. Like the ruins of Copan themselves, it has become a symbol of "good things" in a country where in recent times the bad news exceeds the good ones. For this small country with a big heart, these ruins, recognized worldwide as a major cultural heritage site, are a major source of pride.

I am a big guy. I stand over 1.94 meters (6 feet and 4 inches). Many people who stop me in the streets of Honduras and thank me for the work I have done, even think that I am a "big" and perhaps even "important" person. I am humbled by it. The truth of the matter is that it is I who has been honored by the privilege of working in Copan. It is I who is one of the luckiest people on earth to have been able to do what I love most, and been successful at it. It is I who has had the enormous privilege of serving his country.

# Guaras en Libertad: La belleza regresa

# PARROTS IN FREEDOM: BEAUTY RETURNS

La Guara Roja es el Ave Nacional de Honduras, así como un ícono sagrado de los antiguos Mayas en Copán. Su imagen se destaca en muchos de los monumentos del Parque Arqueológico y particularmente en su famoso campo de pelota.

**The Scarlet Macaw is the National Bird of Honduras as well as a sacred icon of the ancient Maya of Copan. Its figure is prominently displayed on many of the monuments in the Archaeological Park, and particularly on its famous Ball Court.**

Comenzando en el 2011, el Parque de Aves Montaña Guacamaya, ecabezado por su propietario Lloyd Davidson, y la Asociación Copán, encabezada por el autor de esta obra, han trabajado en conjunto para facilitar este proyecto, cuyo objetivo principal es el de la reintroducción de la Guara Roja al valle de Copán, adonde una vez voló libremente. El proyecto tiene varios componentes, incluyendo educación pública, mejoramiento de la salud, nutrición y capacidad reproductiva de las manadas del sitio que han venido existiendo en cautiverio (tanto en Montaña Guacamaya como en el Parque Arqueológico) y la construcción de nidos y aviarios para la liberación de las guaras al valle.

Starting in 2011 the Macaw Mountain Bird Park and Nature Reserve, headed by its owner, Lloyd Davidson, and the Copan Association, headed by the author, have been working together to facilitate this project, the primary objective of which has been to reintroduce the Scarlet Macaw into the Valley of Copan, where it once flew freely. The project has various components, which include public education, the improvement of the health, nutrition and reproductive capacity of existing captive flocks (in Macaw Mountain and the archaeological park) and the construction of nests and aviaries for their release into the valley and outlying areas.

23/Jul/20

El proyecto ha tenido mucho éxito y hoy en dia los observadores de aves, científicos, y jóvenes estudiantes de Copán tienen la singular oportunidad de ver a la Guara Roja volando libremente en el valle.

**The project has been truly successful; and today bird watchers, scientists, and the children of Copan have the unequaled opportunity to seek, observe, and study the Scarlet Macaw in the wild.**

# Bibliografía/Bibliography


Agurcia Fasquelle, Ricardo

1997 Le temple du roi Soleil et son évolution au coeur de l'acropole de Copan. En Les Mayas au Pays de Copan, pp. 91-100. Skira editore, Italia.

1998 Copan: Art, Science and Dynasty. En *Maya*, editado por P. Schmidt, M. de la Garza y E. Nalda, pp. 336-355. Bompini, Italia.

2004 Rosalila, Temple of the Sun-King. En *Understanding Early Classic Copan*, editado por E. E. Bell, M. A. Canuto y R. J. Sharer, pp. 101-111. Museo de la Universidad de Pennsylvania, Philadelphia.

2007 *Copan: Kingdom of the Sun*. Editorial Transamérica, Tegucigalpa.

Agurcia Fasquelle, Ricardo y Bárbara W. Fash

2005 The Evolution of Structure 10L-16, Heart of the Copan Acropolis. En *Copan: The History of an Ancient Maya Kingdom*, editado por E. W. Andrews y W. L. Fash, pp. 201-237. School of American Research Press, Santa Fe

Agurcia Fasquelle, Ricardo y William L. Fash, Jr.

1989 Copan: A Royal Maya Tomb Discovered. *National Geographic Magazine*, 176 (4): 481-487.

1991 Maya Artistry Unearthed. *National Geographic Magazine*, 180 (3): 94-105.

Agurcia Fasquelle, Ricardo y Molly Fierer-Donaldson

2010 *Proyecto Oropendola Field Report 2008-2009*. Asociación Copán/IHAH, Copán.

Agurcia Fasquelle, Ricardo y Juan Carlos Pérez C.

2008 Oropéndola: Templo del Jaguar. *III Congreso Internacional de Copán*. Asociación Copán, Copán.

Agurcia Fasquelle, Ricardo, Donna K. Stone y Jorge Ramos

1996 Tierra, tiestos, piedras, estratigrafía y escultura: Investigaciones en la Estructura 10L-16 de Copán. En *Visión del Pasado Maya*, editado por W. L. Fash y R. Agurcia F., pp. 185-201. Asociación Copán, Copán.

Andrews, E. Wyllys y William L. Fash, editores

2005 *Copan: The History of an Ancient Maya Kingdom*. School of American Research Press, Santa Fe.

Baudez, Claude F., editor

1983 *Introducción a la Arqueología de Copán, Honduras*. 3 Vols. Secretaría de Estado en el Despacho de Cultura y Turismo, Tegucigalpa.

1995 El espacio mítico del rey maya en el período Clásico. *TRACE* 28: 29-52.

Bell, Ellen, Marcello Canuto y Robert Sharer

2004 *Understanding Early Classic Copan*. Museo de la Universidad de Pennsylvania. Philadelphia.

Fash, Bárbara

1992 Late Classic Architectural Sculpture: Themes in Copan. *Ancient Mesoamerica* 3: 89-104.

Fash, William

2001 *Scribes, Warriors and Kings: The City of Copan and the Ancient Maya*. Thames and Hudson, Londres y Nueva York.

Fash, William L. y Ricardo Agurcia Fasquelle

1996 *Visión del Pasado Maya*. Centro Editorial, San Pedro Sula.

1998 *History Carved in Stone: A Guide to the Archaeological Park of the Ruins of Copan*. Centro Editorial, San Pedro Sula.

Freidel, David, Linda Schele y Joy Parker
1993 *Maya Cosmos: Three Thousand Years on the Shaman's Path*. William Morrow and Company, Inc., Nueva York.

Martin, Simon y Nikolai Grube
2000 *Chronicle of the Maya Kings and Queens*. Thames & Hudson, Nueva York.

Maudslay, Alfred P.
1889 *Biologia Centrali Americana: Archaeology*. Vol. 1. R. H. Porter and Dulau and Co., Londres.

Miller, Mary E.
1986 Copan Honduras: Conference with a Perished City. En *City States of the Maya: Art and Architecture*, editado por E. P. Benson, pp. 72-108. Rocky Mountain Institute for Pre-Columbian Studies. Denver.

Miller, Mary E. y Karl Taube
1993 *The Gods and Symbols of Ancient Mexico and the Maya*. Thames and Hudson, Londres.

Morley, Sylvanus
1920 *The Inscriptions at Copan*. Carnegie Institution of Washington, Washington, D.C.

Pineda de Carías, María Cristina, Vito Véliz y Ricardo Agurcia Fasquelle
2002 El grande y complejo plan de 18 Conejo para la construcción de la Plaza del Sol del Parque Arqueológico de Copán, Honduras. *Revista IHAH*, Tegucigalpa.

2009 Estela D: Reloj Solar de la Plaza del Sol del Parque Arqueológico de Copán Ruinas, Honduras. *Yaxkin* XXV (2), IHAH, Tegucigalpa.

Ramos G., Jorge H.
2006 The Iconography of Temple 16: Yax Pasaj and the Evocation of a "Foreign" Identity at Copan. Disertación Doctoral. Universidad de California en Riverside.

Reents-Budet, Dorie
2006 Power Material in Ancient Mesoamerica: The Roles of Cloth among the Classic Maya. En *Sacred Bundles: Ritual Acts of Wrapping and Binding in Mesoamerica*, editado por J. Guernsey y F. K. Reilly, pp. 105-126. Ancient America Special Publication, No. 1, BEARC, Barnardsville, Carolina del Norte.

Robicsek, Francis
1972 *Copan: Home of the Mayan Gods.* Museo del Indio Americano, Nueva York.

Sanders, William T., editor
1986 *Excavaciones en el Área Urbana de Copán.* Instituto Hondureño de Antropología e Historia, Tegucigalpa, Honduras.

Schele, Linda y David Freidel
1990 *A Forest of Kings: The Untold Story of the Classic Maya.* William Morrow and Co., Inc., Nueva York.

Schele, Linda y Mary Ellen Miller
1986 *The Blood of Kings: Dynasty and Ritual in Maya Art.* Kimbell Art Museum, Fort Worth.

Sharer, Robert J., D. W. Sedat, L. P. Traxler, J. C. Miller y E. Bell
2005 Early Classic Royal Power in Copan. En *Copan: The History of an Ancient Maya Kingdom*, edit
E. W. Andrews y W. L. Fash, pp. 139-199. School of American Research Press, Santa Fe.

Sharer, Robert J. y Loa P. Traxler
2006 *The Ancient Maya.* Sexta Edición. Stanford University Press, Stanford.

Stuart, George E.
1989 Copan: City of Kings and Commoners. *National Geographic Magazine*, 176 (4): 488-505.

1997 The Royal Crypts of Copan. *National Geographic Magazine*, 192 (6): 68-93.

Taube, Karl A.
1992 *The Major Gods of Ancient Yucatan.* Dumbarton Oaks, Washington, D.C.

1993 *Aztec and Maya Myths.* British Museum Press, Avon.

2000 The Turquoise Hearth: Fire, Self-Sacrifice, and the Central Mexican Cult of War. En *Mesoamerica's Classic Heritage: From Teotihuacan to the Aztec*, editado por D. Carrasco, L. Jones y S. Sessions, pp. 269-340. University of Colorado Press, Niwot.

2004 Structure 10L-16 and Its Early Classic Antecedents: Fire and the evocation and resurrection of K'inich Yax K'uk Mo'. En *Understanding Early Classic Copan*, editado por E. E. Bell, M. A. Canuto y R. J. Sharer, pp. 265- 295. Museo de la Universidad de Pennsylvania, Philadelphia.

Webster, David, AnnCorinne Freter y Nancy Gonlin
2000 *Copan: The Rise and Fall of an Ancient Maya Kingdom.* Wadsworth, Belmont.

Wisdom, Charles
1961 *Los Chortís de Guatemala.* Ministerio de Educación Pública, Guatemala.